江苏省教育厅高校哲学社会科学研究基金项目(2018SJA1443)

高职国际化人才培养环境生态重构研究

顾秀梅　胡金华　著

苏州大学出版社

图书在版编目(CIP)数据

高职国际化人才培养环境生态重构研究/顾秀梅,胡金华著. —苏州:苏州大学出版社,2018.11

江苏省教育厅高校哲学社会科学研究基金项目(2018SJA1443)

ISBN 978-7-5672-2692-0

Ⅰ.①高… Ⅱ.①顾…②胡… Ⅲ.①高等职业教育-人才培养-研究-中国 Ⅳ.①G718.5

中国版本图书馆 CIP 数据核字(2018)第 274480 号

书　　名:高职国际化人才培养环境生态重构研究
著　　者:顾秀梅　胡金华
责任编辑:汤定军
策划编辑:汤定军
装帧设计:吴　钰

出版发行:苏州大学出版社(Soochow University Press)
社　　址:苏州市十梓街1号　邮编:215006
印　　装:虎彩印艺股份有限公司
网　　址:http://www.sudapress.com
E-mail:tangdingjun@suda.edu.cn
邮购热线:0512-67480030
销售热线:0512-67481020

开　本:700mm×1000mm　1/16　印张:8　字数:101千
版　次:2018年11月第1版
印　次:2018年11月第1次印刷
书　号:ISBN 978-7-5672-2692-0
定　价:30.00元

凡购本社图书发现印装错误,请与本社联系调换。服务热线:0512-67481020

前 言

伴随着"一带一路"建设的推进,高职国际化人才的培养有着极其重要和特殊的意义:一方面,学校集中优势、创新模式大力培养人才以满足国家战略需要,推动互联互通的建设;另一方面,通过教育资源的输出和引进来相互传播文化、增进文化认同、促进民心相通目标的实现。契合倡议培养复合型人才,对各高职院校是机遇也是挑战。从1999年高等教育扩招以来,高等职业教育得到了较好的发展,成为我国高等教育的重要组成部分。这个时期的高职教育表现出了一些明显的特点,有就业导向明确、人才培养模式实用有效等优点,也有"高等普通教育的压缩版""中等专业教育的发酵版"等缺陷。高职教育在很多方面仍处于摸索和完善中。

作为高职教育的从业者,本书作者之一顾秀梅见证了2000年后苏州高职教育的发展历程。江苏省丝绸学校原先是一所国家级重点中专校,历经多年发展形成了纺织、染整等特色专业,2003年与江苏省苏州商业学校合并升格成苏州经贸职业技术学院。合并初期,学院在两个中专校的原有特色专业、教学方式、课程设置、师资配置等基础上进行优化,对应就业市场需求形成了以电子商务、市场营销、会计等为主的特色专业。2014年，在经济、社会快速发展的背景下，学院顺应全球化形势，对接国家战略，对专业设置、师资配备、内部机构等进行深化改革，以产业发展和产业链作为专业调整主要依据，以管、工类专业为主，以经贸服艺为品牌，形成了8个二级教学单位、36个专业。在优化师资队伍方面，聘请专业人才、高级技术人员和专家任兼职教师，建立"兼职教师资源库"；每年安排专业教师深入企业开展实践活动，遴选优秀专任教师走出国门进修。在国际化合作方面，学院积极实施"走出去"战略，坚持走国际化办学和国际化人才培养之路，与泰国当地相关企业、学校签署合作培养物联网应用人才协议书和共建泰国职业教育中心备忘录，物联网应用人才合作项目面向泰国、柬埔寨等国开展合作，对急需的物联网应用、电子商务、物流管理等方面的人才开展订单式培养。

见微知著，全省、全国的高职院校在这段时间内也都取得了实质性的成长和发展，尤其在对接国家战略培养国际化职业人才方面，更是积累了大量的宝贵经验。然而，不足之处也显而易见，如人才建设还面临培养模式单一、优质师资不足、国际化水平较低、国际交流互动不够等。鉴于当下高职院校实情，本书提出了如下建议：通过精准定位和顶层设计，厘清职责、聚焦优势，为国际化职业人才培养创造良好的校内校外环境；多方联动创新培养模式、提升师资力量，优化教育供给侧改革，并提出"五位一体"高职国际化人才的培养构想；以境外办学、吸引留学生等方式输出我国优质教育资源，创新教育共享发展模式。

本书是江苏省教育厅高校哲学社会科学研究基金项目（2018SJA1443）的成果之一。在写作过程中参考了国内外专家学者的研究成果，借鉴了兄弟院校国际化教育教学的先进经验，在此一并深表谢意！

高职院校国际化办学是高等教育最新的理论和实践领域，加上作者经验与学识所限，书中难免存在疏漏与不妥之处，敬请各位专家学者和读者朋友批评指正。

顾秀梅　胡金华
2018 年 10 月 1 日于苏州

目 录

第一章 国家战略下高职教育的重要性 / 1

一、研究意义和价值 / 2

二、国内外研究现状及趋势 / 2

　（一）国内研究 / 2

　（二）国外研究 / 4

三、高职就业质量情况分析 / 6

　（一）就业率 / 7

　（二）月收入 / 8

　（三）满意度 / 9

　（四）职业发展 / 9

四、国际化职业人才培养重要性概述 / 10

　（一）国际化职业人才界定 / 10

　（二）人才培养途径 / 10

　（三）民心相通目标的实现 / 11

第二章 高职国际化人才培养中存在的问题 / 14

一、高职外语教育自身的局限 / 14

　（一）就业方面 / 14

　（二）延续性问题 / 14

（三）生源层次 / 14

二、结果导向的影响 / 14

三、政策支撑缺乏 / 16
　　（一）无规可依 / 16
　　（二）指导不强 / 16

四、学校资源匮乏 / 17
　　（一）师资力量不足 / 17
　　（二）与跨国企业合作未成常态 / 18

五、惯性发展思维 / 20

六、适龄生源萎缩 / 20

七、专业设置失调 / 21

八、与实践相脱节 / 23

第三章　经验借鉴与案例分析 / 24

一、苏州经贸职业技术学院："一方主体、双元管理、三成培养"校企合作人才培养模式 / 24
　　（一）合作方基本情况 / 24
　　（二）合作背景及意义 / 25
　　（三）合作内容与模式 / 26
　　（四）主要成效分析 / 30

二、湖南工业职业技术学院：服务装备制造业"走出去"战略的国际化人才培养体系创新与实践 / 31
　　（一）成果简介 / 31
　　（二）成果主要解决的教学问题及方法 / 32
　　（三）成果创新点 / 36

三、江苏海事职业技术学院：紧扣企业走出去需求，接轨国际标准，培养具有国际竞争力的航海人才 / 38

　　　　（一）需求导向的航海人才培养体系构建　/ 39

　　　　（二）具有国际竞争力的航海人才培养路径探索　/ 39

　　　　（三）成果总结　/ 42

　　四、云南林业职业技术学院：发挥区位优势，服务"一带一路"
　　　　/ 43

　　　　（一）"中荷森林保护与社区发展项目"奠基础　/ 44

　　　　（二）"中缅森林资源保护与社区发展论坛"扩影响　/ 44

　　　　（三）国际交流项目促发展　/ 45

　　五、南通航运职业技术学院：打造"跨境校企共同体"，创建中外
　　　合作办学新机制——中新（南通）国际海事培训中心的实践与
　　　成效　/ 47

　　　　（一）"跨境校企共同体"的运作与实践　/ 49

　　　　（二）"跨境校企共同体"的办学成效　/ 50

　　　　（三）结语　/ 52

第四章　高职国际化人才培养环境生态重构策略　/ 54

　　一、学校精准定位　/ 54

　　　　（一）何为定位　/ 54

　　　　（二）定位策略　/ 55

　　　　（三）定位特色专业　/ 56

　　二、完善顶层设计　/ 61

　　　　（一）国家层面　/ 61

　　　　（二）地方层面　/ 63

　　　　（三）学校层面　/ 66

　　三、强化语言能力建设　/ 70

　　　　（一）"一带一路"语言分布及语言人才需求情况　/ 71

　　　　（二）"一带一路"语言人才培养情况　/ 72

（三）"一带一路"语言服务机构发展情况 / 76
　　（四）语言能力建设策略 / 77

四、优化教育供给 / 80
　　（一）对接国家倡议 / 80
　　（二）创新培养模式 / 83
　　（三）提升师资力量 / 89

五、创新教育共享发展模式 / 91
　　（一）境外办学 / 91
　　（二）吸引留学生 / 92

参考文献 / 93
附件一　由江苏高职牵头成立的全国性职教集团（联盟）一览表 / 97
附件二　孔子学院和孔子课堂在"一带一路"沿线国家的开设情况 / 102
附件三　"一带一路"沿线国家官方语言使用情况一览表 / 105
附件四　关于高职国际化人才培养情况的问卷调查表（教师） / 109
附件五　关于高职国际化人才培养情况的问卷调查表（学生） / 113

第一章　国家战略下高职教育的重要性

"政策沟通，设施联通，贸易畅通，资金融通，民心相通"是"一带一路"倡议的精髓。推进这一要旨的实现和发展，最低限度是要保证语言的沟通，这就对高职外语教育提出了现实要求。"一带一路"涉及面广、系统性强、辐射区大、周期性长，要实现"开放包容，互利共赢"的目标，不仅需要语言人才，更需要大量在精通外语的基础上兼具专业知识、职业技能、国际视野、创新思维等素养的复合型人才。然而我国现阶段对国际化职业人才的培养并不如人意，存在着外语语种单一、教学方式单调、师资力量匮乏等问题。"人才供需"的不匹配将会对倡议建设的推进和效果产生深远的影响。对接"一带一路"倡议，政府、企业、行业、学校等多方努力、相互协作，重构国际化职业人才培养的环境生态，为战略发展贡献人才保障。

一、研究意义和价值

学术价值。有助于在理论上弥补"一带一路"倡议下国际化职业技术人才培养环境生态研究的缺失,深度挖掘与系统考察当下国际化职业人才的深刻内涵、供需现状、培养模式,切实回应对高职院校培养人才"政策缺失""资源缺乏"的种种困惑,推进国际化职业技术人才"契合战略"与"制度建设""模式选择"研究的统一和深化。

应用价值。有助于各高职院校聚焦自身优势,精准特色定位,形成错位发展的人才培养格局;有助于推动教育资源共享,增加文化互认,促进民心相通;有助于进一步优化教育资源的有效供给,指明人才培养方向,提升人才培养的质量;实现我国对"一带一路"沿线各国输出和引入优质教育资源和人才的引领,推进倡议建设。

二、国内外研究现状及趋势

(一)国内研究

在高等教育国际化发展进程的研究方面,学者们对照一定的标准从时间上进行划分,认为发展可分为五个阶段:一是清末民初至中华人民共和国成立；二是1949年至1966年；三是1966年至党的十一届三中全会召开前夕；四是党的十一届三中全会至2001年；五是加入世界贸易组织后至今（郭勤，2003）①。从发展动因和发展目标来考察，可分为20世纪前后两个阶段（史贵全，1996）②。20世纪90年代前后，大学国际化的形式从片段式、个体式的非组织策略性活动逐渐转变为国家和大学两个层面的有组织的行政与市场行为，我们可以20世纪90年代作为分水岭来认识高等教育国际化的发展历程（戴晓霞，2004）③。

在研究内容上，林金辉（2010）④、周满生（2008）⑤、李岩松（2009）⑥等许多学者着重关注职业人才的国际化培养模式，他们认为我国高等教育国际化合作交流与经济全球化相吻合；朱懿心（2004）⑦、许海东（2008）⑧指出，中外合作办学

---

① 郭勤：《中国高等教育国际化问题研究》，湖南师范大学，2003.
② 史贵全：《社会主义市场经济条件下高等学校教师队伍管理模式的思考》，载《中国高校师资研究》，1996年第1期，第26—28页.
③ 戴晓霞：《高等教育的国际化：外国学生政策之比较分析》，载《复旦教育论坛》，2004年第6期，第11—16页.
④ 林金辉：《高等教育中外合作办学教育研究》，广州：广东高等教育出版社，2010.
⑤ 周满生、滕珺：《走向全方位开放的教育国际合作与交流》，载《教育研究》，2008年第11期，第11—18页.
⑥ 李岩松：《高等教育国际合作的新趋势——大学国际联盟的产生及其影响》，载《北京大学学报》（哲学社会科学版），2009年第3期，第153—157页.
⑦ 朱懿心：《在国际比照与国际合作中推动我国高职教育的发展》，载《中国高教研究》，2004年第9期，第46—47页.
⑧ 许海东：《国际合作：职业教育推动之轴》，载《教育与职业》，2008年第28期，第30—32页.

是我国教育的重要补充形式，可以改变教育资源不足的状况，可以提升我国人才国际化就业的能力；张慧波（2011）①、张民选（2010）②、曾涛（2010）③、杨若凡（2003）④ 等学者认为高职院校应紧密与就业市场结合，拓展国际合作办学途径，调整国际合作办学方式；万金保（2005）⑤ 指出高职教育在坚持本土特色的同时还要突破为地方建设服务的圈子，实现人才培养模式的国际化；刘建湘（2003）⑥ 强调树立现代教育观念，深化教学改革，培养现代化、国际化技术应用型人才；王玉香（2009）⑦ 认为随着社会经济结构的调整与高等职业教育的均衡发展，高等职业教育的国际化发展就成为一种必然的趋势。

（二）国外研究

在高等教育全球化标准方面，影响高等教育全球化的重要

---

① 张慧波、张菊霞：《高职教育国际化：从多元化的国际合作开始》，载《职业技术教育》，2011年第7期，第45—47页.

② 张民选：《中外合作办学认证体系的构建于运作》，北京：高等教育出版社，2010.

③ 曾涛：《高职院校开展国际教育合作的突出问题及对策》，载《黑龙江高教研究》，2010年第7期，第73—74页.

④ 杨若凡、李晓军、刘晓保：《高职教育拓展国际合作办学模式探析》，载《中国职业技术教育》，2003年第10期，第39—40页.

⑤ 万金保、李春红：《论高职教育人才培养模式的国际化》，载《职业技术教育》，2005年第2期，第17—19页.

⑥ 刘建湘：《高职教育如何适应国际化人才竞争》，载《职教论坛》，2003年第1期，第2页.

⑦ 王玉香：《论高等职业教育国际化人才培养的战略模式》，载《当代教育科学》，2009年第7期，第47—51页.

因素有：第一，信息和通信技术的发展；第二，知识社会的发展；第三，经济全球化；第四，当今世界在地理结构和治理制度上的改变；第五，市场经济的发展。美国教育委员会以四个指标衡量大学国际化标准：制度支持、员工政策、机遇、国际学生。有日本学者指出，通用性、交流性、开放性是当代大学国际化的标准。

国外学者倾向于对国际交流合作的研究，温蒂·陈于2004年在《高等职业教育的国际合作：理论与实践》一文中表示，在教育竞争环境日益激烈的背景之下，加强高等职业教育彼此间的合作和交流是高等职业教育未来可持续发展的必然趋势；Jeroen Huisman and Marijk van derwende（Eds.）于2004年发表《竞争与合作：国家与欧盟的高等教育国际化政策》，强调世界的高等职业院校在面对经济全球化和教育国际化的影响，需要做出回应和采取措施，特别是需要在高职院校内进行多边的国际化合作交流活动；Tristan Bunuel于2006年发表的《日益规范化的教育国际化联合培养》一文中指出西方各国的高等学院开展了学院联盟培养，并逐渐发展成为一种办学趋势。

总体上看，目前国内外研究存在着以下几个问题：（1）对高职国际化人才培养的校内外政策、制度环境未有涉及，或者不全面，而解决这一问题是推动高职培养人才的前提和基础。（2）在"一带一路"倡议下，国际化职业人才的培养方向一定要与之契合，而不仅仅是迎合就业市场，这一点需要纠正。

(3) 以往的研究受到条件限制,大多从人才培养模式、国际化交流合作等方面进行阐述,未能从培养环境生态的深度来探究优化教育供给策略,这样的研究成果缺少创新元素、缺乏指导实践作用,这需要运用中国特色社会主义政治经济学的供需理论来探讨,推动高职国际化人才培养研究的深入。

三、高职就业质量情况分析

就业质量是衡量一个院校、一个地区、一个国家在某一个层级学历教育的成果,是育才模式、教学理念、课程设置、需求对接、人才交流等要素的综合反映。其优劣程度在一定范围内就等同于高职院校在"一带一路"建设中的贡献大小。评判就业质量的指标众多,根据不同的需要选择相应的指标,本书采用就业率、月收入、母校满意度、雇主满意度等7项指标,以江苏省为例进行分析。2017年与2016年"计分卡"数据对比显示,江苏高等职业院校七项就业指标均稳中有升,月收入、母校满意度、雇主满意度、毕业三年职位晋升比例等指标增幅显著。

表 1-1 记分卡

序号	指标名称	单位	2016 年	2017 年	增量
1	就业率	%	95.50	95.84	0.34
2	月收入	元	3228.94	3480.77	251.83
3	理、工、农、医类专业相关度	%	66.19	69.38	3.19
4	母校满意度	%	95.40	96.45	1.05
5	自主创业比例	%	2.77	2.78	0.01
6	雇主满意度	%	94.95	97.10	2.15
7	毕业三年职位晋升比例	%	55.24	59.25	4.01

注：2017 年"毕业三年职位晋升比例"统计的是 2014 届毕业生数据，2017 年其他指标为 2016 届毕业生数据。

数据来源：江苏省高等职业教育质量年度报告（2018）

（一）就业率

在全国高职毕业生平均就业率[①]持续下降的背景下，江苏高职近三届毕业生就业率稳定在 95% 以上，并保持小幅增长，比全国高职平均就业率分别高出 8.23、11.57、16.62 个百分点，领先幅度逐年上升。

---

① 数据来源：国家数据中心 http://crpdc.gzvtc.cn/xin/log/login.aspx

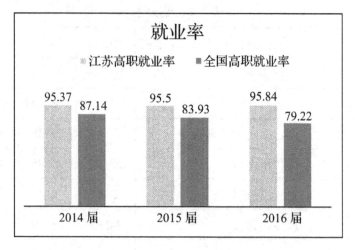

图 1-1　江苏高职近三届毕业生就业率（单位:%）

（二）月收入

江苏高职近三届毕业生月收入持续增长。2016 届毕业生月收入为 3480.77 元，比 2015 届提高 251.83 元，增幅达 7.80%。

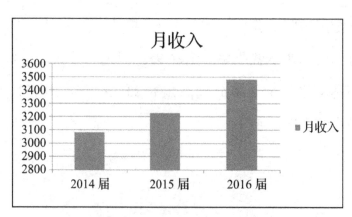

图 1-2　江苏高职近三届毕业生月收入（单位：元）

(三)满意度

江苏高职近三届毕业生雇主满意度均数超过95%,2016届毕业生雇主满意度比2015届提高了2.15个百分点。近三届毕业生母校满意度持续增长,2016届毕业生母校满意度比2015届提高了1.05个百分点。

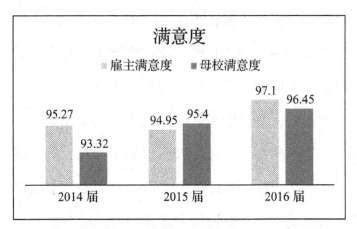

图1-3 江苏高职近三届毕业生雇主满意度和母校满意度(单位:%)

(四)职业发展

江苏高职2014届毕业生毕业三年职位晋升比例达59.25%,近六成毕业生毕业三年内实现了职位晋升,比2013届上升4.01个百分点,呈现较强的职业发展能力。①

---

① 《江苏省高等职业教育质量年度报告(2018)》,北京:中国水利水电出版社,第5—7页。

四、国际化职业人才培养重要性概述

(一) 国际化职业人才界定

国际化职业人才简单来说是具备专业技术技能、国际化视野和国际化背景知识的复合型人才,即兼具外语特长、"既专又宽"的专业知识和职业技能以及适应性强的综合素质。具体来说,可以分为以下五个指标:①扎实的语言功底——这是国际化的首要条件;②"既专又宽"的专业知识结构——过硬的专业知识,丰富的背景知识,"T"形知识架构;③过强的实践应用能力——高职教育本身就定位了一线技能应用工作的性质,因此很强的职业、语言应用能力是高职人才必备的素质;④创新思维——"一带一路"诸国内部及相互之间发生新情况屡见不鲜,传统手段的作用已捉襟见肘,需要新思维、新方法去攻坚克难,处理新问题;⑤国际化视野——国际化竞争需要跨文化的交际和谈判能力,才能稳妥应对各种复杂情况、提升自身和所在单位的综合竞争力。

(二) 人才培养途径

国际化高技能型人才的培养对高职院校人才培养模式提出了更高、更具体的要求。面对"一带一路"带来的机遇和挑战,路径选择至关重要:一是更新教学理念——吸收国内外教育先进的理念,结合学校实际,形成自身特色鲜明、适应新时代、可持续发展的教学理念;二是科学制定教学模式——除常规的专业课程、外语教学外,增加实训、国际化实践的学时占比,将通晓地区语言和熟悉当地政治环境、文化风俗、地理人文的职业人才作为培养方向和目标;三是充沛的师资配备——通过本校教师的深造和人才引进以及"双师型"教师体制的建立等措施,强化、优化教师队伍;四是把脉"一带一路"发展,精准布局——依据倡议发展蓝图,高职院校制定与"一带一路"高匹配度的人才培养规划,满足就业和企业发展的需求。

(三) 民心相通目标的实现

"一带一路"的推进过程也是多元文化从碰撞到认同、融合的过程。实现互联互通的关键在于民心相通,而民心相通的关键在于文化认同。作为综合国力的重要组成部分,文化软实力是沿线各国相互友好合作的心理桥梁,能促进民众相互认知和协作。通过讲好中国故事、教育输出和引进等方式来传播文化思想,有利于促进中外相互间的文化认同,以古海陆丝绸之路为基础,彼此历史交融、现实辉映,缔结民众情感纽带,形成推进人类社会共同理想和美好追求目标实现的合力。以"包容互助,寻求共识,互惠共赢"的合作基调,助力各国培养相互了解、认可、友好的国际化高技能型人才,夯实人类命运共同体、责任共同体实现的基础。

表1-2 "一带一路"沿线国家贸易合作排名①

排名	国家	排名	国家
1	越南	33	罗马尼亚
2	泰国	34	亚美尼亚
3	菲律宾	35	捷克
4	马来西亚	36	阿尔巴尼亚
5	俄罗斯	37	卡塔尔
6	印度尼西亚	38	斯洛伐克
7	新加坡	39	塔吉克斯坦
8	沙特阿拉伯	40	尼泊尔
9	伊朗	41	保加利亚
10	印度	42	马尔代夫
11	巴基斯坦	43	斯洛文尼亚
12	哈萨克斯坦	44	克罗地亚
13	缅甸	45	格鲁吉亚
14	蒙古国	46	黑山
15	阿曼	47	立陶宛
16	伊拉克	48	约旦
17	老挝	49	阿塞拜疆
18	以色列	50	摩尔多瓦

① 国家信息中心"一带一路"大数据中心：《"一带一路"大数据报告2017》，北京：商务印书馆，2017年9月出版，第64页。

(续表)

排名	国家	排名	国家
19	阿联酋	51	爱沙尼亚
20	乌兹别克斯坦	52	拉脱维亚
21	乌克兰	53	文莱
22	科威特	54	白俄罗斯
23	吉尔吉斯斯坦	55	东帝汶
24	孟加拉国	56	巴林
25	土库曼斯坦	57	叙利亚
26	波兰	58	马其顿
27	也门	59	波黑
28	斯里兰卡	60	塞尔维亚
29	柬埔寨	61	阿富汗
30	土耳其	62	黎巴嫩
31	匈牙利	63	巴勒斯坦
32	埃及	64	不丹

第二章 高职国际化人才培养中存在的问题

我国的外语教育集中在一些主流语言上,对小语种教学涉及范围不广、规模不大;在专业设计方面,往往以就业形势为导向,迎合趋势而弱化自身特色,专业布局不科学。由于对国家战略把握不够,人才培养与倡议需求契合度不高,再加上体制机制、政策层面等存在问题,当前人才培养环境生态的改善仍跟不上"一带一路"建设的步伐。

一、高职外语教育自身的局限

(一) 就业方面

相比于其他技术类和文科类专业,原则上外语类可以从事绝大部分对口母语的工种,然而缺少具体专业依附,尤其是小语种,因市场需求小,其就业形势并不乐观,往往因报考人数少而影响学校的招生规模。

（二）延续性问题

我国中学外语教育以英语、俄语、日语为主，高职小语种与中学外语在内容上没有衔接，需要学生从头开始学习一门新的外语。脱节带来学制短、学时少的硬伤和学习兴趣不浓的隐患，从而影响教学效果。

（三）生源层次

高考模式是我国考生继续求学的分水岭，相对于本科来说，高职生源总体素质较差，尤其是学习能力不强，加剧高职国际化人才培养的难度。

二、结果导向的影响

招生情况和就业形势直接影响学校的专业设置和师资配置，"高等教育服务地方经济发展"，学校以此为由开设热门专业、重新调配资源的情况屡见不鲜。由于缺乏统筹规划，市场需求小、就业难的冷门专业一段时期内无人问津成为常态。或因对政治、政策敏感度不够，加上专业建设本身需要一定的周期，造成高职国际化职业人才的紧缺，并在一段时期内延续。

三、政策支撑缺乏

（一）无规可依

"引进来"和"走出去"是目前我国培育国际化职业人才的惯用做法。其中"走出去"的法规性文件方面仅有《高等学校境外办学暂行管理办法》，也只是一份操作性不强的概要性文件，在其后发布的《教育部关于废止和修改部分规章的决定》中被明确予以废止，造成境外办学"走不出去"的窘境。

（二）指导不强

首先，政策支持不够，依据"一带一路"建设的进程，科学预测各类人才的需求量，基于区域优势、教学特色，合理规划各地学院的专业设计、生源数量，在这方面教育主管部门需要强化履行主体责任的意识。其次，平台作用不明显，政府和教育部门在中外合作办学、高职学院经验借鉴、优质学院举荐、师生交流、人才引进输出等方面应积极构建中外合作交流平台，推动中外高校之间深度学习、合作。另外，在合作办学、人才交流、开设专业等需要筹措资金的项目中，教育部门应以拨款或出台融资政策予以扶持，为高职学院国际化在起步阶段增添动力，加速国际化职业人才培育工作的开展。

四、学校资源匮乏

（一）师资力量不足

1."量"方面

作为国际通用语言，英语社会认可度极高，我国英语教育起步早、规模大，学校师资充足。而小语种的情况就不容乐观了。以云南丽江师专为例，云南毗邻老挝、缅甸、越南，与泰国相望，是"一带一路"的重要节点，边境贸易发达。按常理推断，云南的上述4国语言教育应相当完善。然而事实并非如此，丽江师专仅有泰语和老挝语教师2名，师资力量极为薄弱，小语种教育现状堪忧。

2."质"方面

在高职院校中，普遍存在"双师"素质总体不高、缺乏大师名师有力支撑现状：高职教育需要的"双师型"教师与政府部门认定的高层次人才不匹配；缺乏在行业、专业领域具有话语权的技能大师、名师；部分教师执教能力、创新意识不强；兼职教师队伍引进和建设缺乏制度保障。①

---

① 《江苏省高等职业教育质量年度报告（2018）》，北京：中国水利水电出版社，第81页。

（二）与跨国企业合作未成常态

学校和跨国企业合作赴境外办学，能增加我国教育的国际竞争力。广东农工商职业技术学院抓住机遇，追随广东农垦，在柬、泰两国成立学习中心，培训农垦人才；无锡商业职业技术学院在柬埔寨成立南洋红豆学院，培养柬埔寨"红豆"人才。在肯定上述有益探索的同时，我们必须要清醒地认识到这样的案例极少，远未达到普及的程度。在校企合作境外办学方面，仍然有很多结需要解，很多壁垒需要打通，很多障碍需要跨越……还有很多事情需要做。

表2-1 "一带一路"企业影响力前50名榜单①

排名	企业名称	排名	企业名称
1	国家电网公司	26	广东粤海控股集团有限公司
2	国家电力投资集团公司	27	河北津西钢铁集团股份有限公司
3	中国石油天然气集团公司	28	联想控股股份有限公司
4	中国石油化工集团公司	29	中天钢铁集团有限公司
5	阿里巴巴（中国）有限公司	30	河钢集团有限公司
6	中国铁道建筑总公司	31	北京汽车股份有限公司
7	中国中车股份有限公司	32	恒大集团

---

① 国家信息中心"一带一路"大数据中心：《"一带一路"大数据报告2017》，北京：商务印书馆，2017年9月出版，第89页。

(续表)

排名	企业名称	排名	企业名称
8	华为技术有限公司	33	东风汽车集团股份有限公司
9	中国银行	34	海信集团有限公司
10	中国移动通信集团公司	35	万达集团
11	碧桂园控股有限公司	36	中国海洋石油总公司
12	北京建工集团有限责任公司	37	中国交通建设集团有限公司
13	北京首都创业集团有限公司	38	中国化工集团公司
14	腾讯控股有限公司	39	上海复星高科技（集团）有限公司
15	中国华电集团公司	40	中国建设银行
16	国泰人寿保险股份有限公司	41	上海建工集团股份有限公司
17	华侨城集团公司	42	三一集团
18	交通银行	43	广东省航运集团有限公司
19	中国电力建设集团有限公司	44	中国农业银行
20	光明食品（集团）有限公司	45	江西铜业集团公司
21	马钢（集团）控股有限公司	46	京东集团
22	海航集团	47	广州汽车集团股份有限公司
23	比亚迪股份有限公司	48	广州越秀集团有限公司
24	绿地控股集团有限公司	49	TCL集团股份有限公司
25	美的集团股份有限公司	50	山东如意集团

五、惯性发展思维

我国现有高职院校大多是由原来多所中专、技校、成人校合并转制升格而成。各高职院校在管理体制、机制方面差距较大，存在管理不规范和重规模发展、轻内涵建设的问题。另外，为提升高职院校发展规范，各地积极参与全国高职高专院校人才培养工作水平评估工作，然而受既往评估等指令性项目的惯性影响，部分高等职业院校在发展过程中有"等、靠、要"等消极思想，缺乏发展内生动力，寄期望于以大项目建设带动学校发展，甚至少数高职院校的部分办学指标在项目验收前后发生较大异动。[①]

六、适龄生源萎缩

近年来，高等教育适龄人口呈持续减少现象，高职院校将面临生源危机。据统计，江苏省高考报考人数在2009年为54.6万人，此后逐年回落，预计2019年波动至谷底，报考人数约在32.8万人，然后小幅攀升。针对生源萎缩带来的"利空"，高职院校"各显神通"，大部分被迫在招生环节加大资源

[①] 《江苏省高等职业教育质量年度报告（2018）》，北京：中国水利水电出版社，第79页。

投入，甚至有游离于政策边缘利用多种手段招生的迹象。高职院校在克服生源短板的同时，却在一定程度上分散加强自身内涵建设的精力，冲击招生秩序平稳健康发展，在社会上产生负面影响，进而严重损害高职教育的整体口碑。①

七、专业设置失调

从"一带一路"沿线国家最关注的人才类型看，国际贸易、计算机、金融、语言、工业设计、法律、土木工程、财务管理、新闻、机械制造等十类人才最受关注。一方面，十类专业人才的培养出现结构性短缺，各国关注的专业人才类型不尽相同，高职院校未能将受关注专业与关注国语言相结合，形成有效的国际化人才培养系列与集群。另一方面，高职院校在专业建设方面片面追求"做大求全"，违背自身办学特色盲目开设专业，陷入"大而不强、全而不精"的窘境，导致专业设置结构性过剩。

---

① 《江苏省高等职业教育质量年度报告（2018）》，北京：中国水利水电出版社，第80页。

表 2-2　2014—2016 年"一带一路"十大人才类型的关注热度排名①

排名	2014 年	2015 年	2016 年
1	国际贸易类人才	国际贸易类人才	国际贸易类人才
2	计算机类人才	计算机类人才	金融类人才
3	语言类人才	工业设计类人才	计算机类人才
4	金融类人才	土木工程类人才	语言类人才
5	土木工程类人才	金融类人才	法律类人才
6	工业设计类人才	语言类人才	工业设计类人才
7	法律类人才	法律类人才	财务管理类人才
8	机械制造类人才	机械制造类人才	土木工程类人才
9	新闻类人才	推广宣传类人才	新闻类人才
10	电子类人才	新闻类人才	推广宣传类人才

表 2-3　最关注"一带一路"人才建设的沿线国家②

关注热度排名	国家	积极情绪占比/%	关注热度排名	国家	积极情绪占比/%
1	马来西亚	24.87	6	越南	21.08
2	巴基斯坦	23.38	7	俄罗斯	20.81
3	印度尼西亚	22.72	8	泰国	20.35
4	阿联酋	22.06	9	波兰	19.94
5	新加坡	21.66	10	菲律宾	19.19

---

① 国家信息中心"一带一路"大数据中心：《"一带一路"大数据报告 2017》，北京：商务印书馆，2017 年 9 月出版，第 196 页。

② 国家信息中心"一带一路"大数据中心：《"一带一路"大数据报告 2017》，北京：商务印书馆，2017 年 9 月出版，第 194 页。

八、与实践相脱节

目前,在高职教育国际化人才培养的实践中,仍缺少完整、成熟的理论指导体系,人才培养模式和实际发展的匹配度、紧密度有所欠缺。一是人才培养目标定位不够清晰,与"一带一路"倡议的契合度不甚明显。二是课程设计不能与时俱进,还停留在"原理式"的老版本,知识结构老化,最新发展成果、发展趋势未能融入其中。三是从"课堂"到"岗位"的衔接不足,专业教育更多地体现在知识传授而不是实践能力的锻炼,"学不致用"。四是"双师型"教师机制仍需深化,专业知识和职业技能兼备的师资队伍是培养复合型人才的保证,在现实中破除教育与企业间隔阂形成企业人才与专业教师相互兼职的情况并不多见。①

---

① 陈鹏、薛寒:《"中国制造2025"与职业教育人才培养的新使命》,载《西南大学学报》(社会科学版),2018年1月,第77—83页。

第三章 经验借鉴与案例分析

全国部分高职院校以沿袭历史、对接战略、定位发展为主线，从校企合作、产教融合、实习实训、专业调整、师资强化等各方面努力探索，在推动育才模式、优化教学方式的实践中积累了丰富的经验，值得学习和借鉴。

一、苏州经贸职业技术学院："一方主体、双元管理、三成培养"校企合作人才培养模式

在2017年"双11"电商购物节中，苏州经贸职业技术学院与科沃斯机器人有限公司通过校企合作开展实战训练，在短短24小时中，共同完成单日销售5.8亿元的交易额，在"双11"的大考中取得骄人成绩。

（一）合作方基本情况

科沃斯电器有限公司成立于1998年3月，主要致力于家庭服务机器人的研发、制造和销售。经过十多年的发展，公司现

已成为世界上最大的清洁机器人制造商之一。科沃斯代表性产品地宝累计销量上百万件，走进了千家万户，广受赞誉。2017年"双11"期间，科沃斯累计销售额达5.8亿元，全网销售超13万台，夺得生活电器类日销量冠军。

（二）合作背景及意义

一方面，科沃斯电器有限公司的产品销售主要采取线上和线下结合的模式，面对网络需求的急剧增加，公司对于线上客服人员的需求也日益增加。另一方面，电子商务专业学生以往工学交替涉及的企业较为分散，很难找到一家能同时容纳百名学生进行工学交替的大企业，巡视管理难度大，影响实际效果。

学院和企业的实际情况促成了双方的合作。企业在"双11"期间需要大批高素质的客服人员，而学生的工学交替时间也安排在每年的10—12月之间，综合一切因素，都非常适合共同合作。

合作的意义也显而易见：一方面，能给学生进入大规模公司见习提供一个机会，提高实践技能；另一方面，也能为公司注入新鲜活力，提升品牌影响力，创造更多价值。

2014年11月7日，苏州经贸职业技术学院与科沃斯举行校企合作签约及挂牌仪式。建立"教师工作站"为专业建设、课程建设、实训基地建设等方面提供更权威的最新信息和技术支撑，为创新人才提供新的培养模式、提升教师专业科研水平和服务社会能力、紧密校企合作工作搭建良好平台。与企业建立长效、共赢的合作机制,有助于深化校企合作,为建设现代职教体系、提升人才培养水平、主动服务地方经济发展探索有益经验。

图3-1　校企合作签约仪式

（三）合作内容与模式

在合作过程中,形成了"一方主体、双元管理、三成培养"的人才培养合作模式。所谓"一方主体、双元管理、三成培养",就是指"以学院作为培养主体,专任教师与企业导师共同合作管理,实现学生在专业学习中成长、在职业能力培养中成才、在岗位工作中成功"。

1. 一方主体

"一方主体"的定位目的是突出教育管理的主体始终是学院教师。虽然学生学习的场所由校内转移到了校外,依托企业进行见工见习,但教师的教育主体性质并未改变。无论是在"工学交替"人才培养方案的制定,还是"工学交替"人才培养模式的改革,都由学院老师牵头,而不是由企业方越俎代庖。

图 3-2　科沃斯"双 11"员工动员

2. 双元管理

在"工学交替"期间,应由学院老师和企业导师共同管理学生,指导学生的工作技能。学院老师需提高与企业沟通的频率,切实掌握学生工作的情况,经常去企业实地察看了解学生的实践学习情况,做好学生与企业之间的沟通桥梁。企业导师也应及时做好学生学习进度和进展的记录,方便与学校老师进行交流。同时,校内专任教师也应利用"工学交替"走访的机会，认真学习最新的行业规范、岗位技能，提高教学水平。

图 3-3 "双 11" 工学交替学生工作状况

3. 三成培养

通过做好岗前的理论培训、上岗后工作能力和业务水平的考核以及回学校后的及时总结，以实现"学生在专业学习中成长、在职业能力培养中成才、在岗位工作中成功"的"工学交替"人才培养目标。将学到的知识运用到实践中，又用实践来检验、巩固学习成果，学习与实践相互促进，提升职业技能。

结合"工学交替"实践教学环节，学院和企业制订了详细的教学计划，具体分为岗前培训和实战实训两个部分。岗前培训又分为理论培训和上机培训，主要包括：网店客服的作用与意义，网店客服基本要求，网店客服基本素质，销售客服基本能力，网店客服沟通技巧，网购客户需求认知，如何应对讨价还价，如何排除客户疑问，如何处理客户投诉，如何减少客户流失、客服易犯错误总结、客服规范用语总结。结合科沃斯电器有限公司的主打产品窗宝、地宝、沁宝,企业逐一对每个系列、每个产品的外观、性能、构成、价位、功能等进行详细介绍,并通过随堂测试、循环考试,提高学生对产品的熟悉度,争取在最短时间内让学生尽快上手,早日实际操作客户端,面对真实的客户。同时,详细讲解淘宝旺旺的操作及各项功能,训练学生掌握软件操作的技巧。经过20天的岗前培训,学生进入实战实训阶段。在这个过程中,学生进一步了解企业文化、感受企业氛围,按照正式员工的规章制度接受管理。在学院和企业双重导师的配合下,对学生进行强化训练,为"双11"大战做好一切准备工作,较好地实现了"在专业学习中成长、在职业能力培养中成才、在岗位工作中成功"的人才培养目标。

图3-4 科沃斯备货"双11"

（四）主要成效分析

经过校企双方的共同努力，学生们在带教员工的帮助下，突破了"双11"单日销售破5亿元的目标，稳居生活电器类第一的宝座，学生们出色的工作表现也赢得了公司高层的一致好评。对于学生来说，他们切身体验了电子商务的运营流程，感受到了客服工作的技巧性和重要性，同时也收获了满满的成就感。

通过引企入校，引项目入校，加强校企融合、工学结合工作的开展力度，是对校企合作机制的有益探索。与科沃斯"双11"的合作项目不仅可以缓解企业旺季用工压力、提升电子商务行业人员整体素质、加强行业队伍建设、促进企业主动探索线上线下相互促进融合发展的新模式，也做到了教育与用人的零距离对接，构建并形成了高职院校工学交替、学训交替、任

图3-5　苏州市教育局和苏州人社局授牌

务驱动、项目导向实现教育过程的实践性、开放性的一体化教

学模式。

2017年5月，苏州经贸职业技术学院与科沃斯机器人有限公司合作申报"携手科沃斯，服务现代商务"项目，成功获批"苏州市现代职业教育定点实习企业"。

二、湖南工业职业技术学院：服务装备制造业"走出去"战略的国际化人才培养体系创新与实践①

（一）成果简介

研究成果紧扣《国家中长期科学和技术发展规划纲要（2006—2020）》、《中国制造2025》和"一带一路"倡议等政策需求，是职业教育主动服务国家、服务产业、服务区域经济"走出去"人才培养的结果。本成果是湖南工业职业技术学院"高职教育装备制造专业课程课堂教学研究""高职电气自动化技术专业海外人才培养的研究与实践""基于CBI理论与工学结合的高职公共英语教学创新""基于'现代学徒制'的高职院校海外人才培养研究"等多项课题研究的基础上，历经我国装备制造业国际化技术技能人才的需求定位研究、人才培养途径调整、课程结构优化、保障机制构建、推广应用等5个阶段

---

① 此案例选自职业教育教学成果奖获奖项目典型案例，载《中国职业技术教育》，2018年第3期，彩插。

得以形成。

研究成果以我国装备制造业国际化人才岗位需求为导向，以专业核心能力和综合素质培养为主线，提出了"人才共育，过程共管，基地共建，资源共享"校企协同育人的理念，建立"一平台，三机制"的实时传感体系，形成"三联合""三共享"的国际化人才培养途径，建立"三平台，六模块"嵌入式课程体系，建立"多主体，多要素"国际化人才培养的保障体系，确立了以企业为主导的人才培养方案，量身打造了以行业国际标准为基础的国际化人才培养计划、课程内容、教学方法和手段。

研究成果在育人理念上进行了创新，为高职教育可持续发展提供有力的理论指导，充实和完善了职业教育理论体系。本成果在装备制造业国际化人才培养模式等方面的实践丰富了学院面向装备制造业、主动服务企业的办学成果，巩固了学院的办学特色，并为学院办学品牌的延伸提供了宝贵经验。本成果在全国16所职业院校进行教育教学试点改革，并提供了教学资源。先后吸引相关院校30多个专业、200多人次前来借鉴和学习改革经验。

（二）成果主要解决的教学问题及方法

1. 厘清了需要解决的主要问题

装备制造国际化人才需求信息反馈不畅，人才培养与企业真实需求不对接；装备制造业国际化人才培养途径单一，行业企业参与不深，不能满足企业多样化需求；装备制造业国际化人才培养课程结构不合理，与培养目标不匹配；装备制造业国际化人才的保障机制不健全，培养效率和质量不能满足企业实际需要。

2. 确定了解决问题的主要方法

"一平台，三机制"建立了国际化人才需求实时感应体系。学院作为"湖南机械装备制造职业教育集团"常务副主任委员单位和秘书长单位，依托"集团"平台，建立"定点监测+定期调研+多方会商"的调研分析"三机制"，准确把握了国际化技术技能人才需求变化，明晰了岗位工作流程和内容，实时优化培养方案和教学内容。在三一重工等30多家典型企业建立"岗位监测站"，每个监测站建有一支监测团队，及时反馈企业及行业新技术的应用和产品开发动态，定期反馈相关岗位需求和能力要求变化情况。专业团队每年深入企业调研，回访毕业生，获取企业案例和教学载体。机械行业协会定期提供产业发展数据和分析报告。学院每半年组织国际化人才需求研讨会，邀请用人单位、政府部门、行业企业专家就产业发展、人才需求、培养质量等方面进行会商问诊。通过以上途径，提高了人才培养的实时性、针对性和有效性。

"三联合""三共享"形成了国际化人才培养的多样化途径。一是"校企联合"，与国际化企业点对点合作开展国际化人才订单式培养。如与中联重科开办"国际化服务工程师班"等，培养方案由企业主导，教材、教具、教学项目和主要设备来自企业，一切从实际出发，满足企业特定产品和特定业务范围的要求。二是"中外联合"，与国外大学合作培养国际化人才，满足企业在特定国家或区域发展的人才需求。如学院与加拿大北方理工学院合作的"机械设计与制造中加合作班"，主要按合作国人才标准和教学大纲教学，同时结合国内对人才的要求增设相关课程。采用外语授课，英语合格者也可到国外修读，毕业生获得中加两国毕业证书，可以在加拿大就业。三是"产教联合"，与湖南省机械工业协会、"装备制造委员会"等产业协会、行业组织合作建立"国际化人才培训基地"，开展国际商务、机电产品国际化营销等国际化人才培养和员工培训，满足装备制造企业国际化业务拓展需要。通过上述途径，形成"三联合"的培养格局。

在"三联合"的基础上，学院内部整合资源，形成跨院系、跨专业的"国际化人才培养教研室"，组织教师赴国外培训研修，提高他们的国际化视野和外语教学能力。共同分析人才能力素质模型，将国际标准、外语、国外人文、专业技能相互融合，共同开发课程和教材。整合外部合作方资源，将教学设备、基地等资源进行共享，实现了师资、课程、设备"三共享"。通过"三共享"，提高各种合作途径的培养效率和质量。

"三平台，六模块"建构了模块化嵌入式课程体系，使学生具备所学专业的通用能力和水平,又可以满足企业国际化人才的特定要求,构建"通用课程+嵌入课程"的课程结构。以培养岗位胜任能力和职业生涯可持续发展能力为目标,构建人文素质、职业领域和职业拓展三个课程平台,设立思想政治、身心修养、科技人文、专业基础能力、岗位核心能力、职业拓展能力6个课程模块,将外语交际、国外人文风俗、客户沟通等国际化人才的特定素养、能力课程嵌入在相应模块中,形成知识与技能并重、理论与实践交替、职业能力递进的模块化课程体系,体现行动导向、任务驱动、实际工作场景再现等重要特征。

图 3-6　湖南工业职业技术学院在京举办首届中加职教高峰论坛
图片来源:http://group.hunangy.com/news/1/2018511171603.html

"多主体,多要素"完善校企协同人才培养的保障体系。以相关政府部门为主导,行业机构发挥企业资源优势、信息优势、技术优势进行指导,政行协同,使"教"和"产"更好地融合；以共建国际化人才培养基地为目的，校、企、行业协会三方共同投入、共同管理和评价人才培养工作；学校负责理论知识传授和基础技能培养；企业提供部分实训设备与费用，并负责学生在企业的培训与实习；协会负责教学过程监控、评价与反馈。通过"政、行、企、校"多主体在政策、资金、场地、设备、人才、制度等众多要素全方位协同、共享，形成完善的校企协同人才培养保障体系。

（三）成果创新点

1. 育人理念创新

构建了国际化人才培养利益共同体，实现"人才共育，过程共管，基地共建，资源共享"育人理念。发掘政、行、企、校在国际化市场人才培养上的利益共同点，主动强化合作纽带。政府、行业需要推动装备制造产业"走出去"，企业需要拓展国际化业务，学校需要提高学生就业质量，推动国际化发展，各方对国际化人才培养有着共同需求。学院以现有"机械装备制造业职教集团"为平台，打造利益共同体，共同投入、共同管理，构建了资源共享、成果共享平台。在资源建设与利用上将"所有"与"所用"互为补充。通过"请进来""走出去"，将行业企业资源引入国际化人才培养体系。从需求分析、培养模式构建和培养实施、基地共建、资源共建、过程监控、质量评价的人才培养全过程出发，考虑各方利益，发挥各方作用。

与企业合作进行技术革新和产品研发，将人才培养与技术创新和技术服务相结合，为企业国际化拓展提供全方位支持，实现协同创新、共生发展，以此形成了"人才共育，过程共管，基地共建，资源共享"的育人理念。

2. 培养模式创新

紧扣湖南装备制造业"走出去"战略，构建了"五对接，五融合"的装备制造国际化人才培养模式。在"中国制造2025"背景下，装备制造"湘军"要走出国门打造品牌，需要高素质国际化人才支撑。本成果抓住这一需求，系统构建和实践装备制造业国际化人才培养的模式。从构建敏捷的信息反馈和需求分析机制着手，从源头上解决了国际化人才能力素质模型不清晰、培养定位不准确的问题。贯彻资源共享、优势互补的理念，多主体协同创新，开展人才共育，构建多样化的培养途径，形成"五对接，五融合"的特色。"五对接"：岗位标准与培养目标对接，生产过程与教学过程对接，工作内容与学习内容对接，企业生产现场与实训基地对接，企业技术团队与专业群教学团队对接。构建了校企一体化教学平台，实现"五融合"：校企双方在人才、技术、设备、文化、管理元素上的充分融合与共享。

3. 课程体系创新

以"通用课程+嵌入课程"的结构形式，构建适应国际化人才培养的模块化嵌入式课程体系。针对国际化人才的能力要求，在专业现有培养体系的基础上构建了"通用课程+嵌入课程"的课程体系。按国际化人才岗位的特定需要，既可在课程模块中嵌入独立的课程，也可在既有课程中嵌入特定的教学内容。人才培养既能满足国内需要，学生具有扎实的专业能力和可持续发展基础，又使培养过程符合培养规律，具有针对性和可操作性。近年通过引进国际标准、行业标准和企业标准，开发了与湖南装备制造业"走出去"战略相适应的技术技能人才培养新课程，也使许多原有课程增加相关内容并得以完善。同时增开了日语、韩语、德语等第二外语和职业拓展能力课程。着重通过企业现场教学、项目载体、开放式教学等途径提高了企业海外市场国际化人才培养的实效。

三、江苏海事职业技术学院：紧扣企业走出去需求，接轨国际标准，培养具有国际竞争力的航海人才[①]

众所周知，中国是航运大国，但距离航运强国还有差距。我国目前在册的4000多家航运企业中，从事国际运输的企业仅260多家。随着我国经济供给侧结构性改革的深入推进，迫切需要我国航运产业加快转型升级，积极走出国门，大力拓展国际市场。但作为专门培养远洋船员的航海类院校，其毕业生普

---

① 此案例选自职业教育教学成果奖获奖项目典型案例，载《中国职业技术教育》，2018年第7期，彩插。

遍存在国际竞争力不足的现实问题，不能满足企业"走出去"对国际化人才的迫切需求。为此，江苏海事职业技术学院（以下简称学校）从履行《STCW 国际公约》入手，引入国际权威认证机构 DNV 的全面质量理念，构建了需求导向的航海人才培养体系，探索实践了具有国际竞争力的航海人才培养路径。

（一）需求导向的航海人才培养体系构建

2008 年 10 月，为解决航运企业由于我国船员缺乏国际认可的"驾驶台资源管理"培训资历而影响船舶营运的迫切需求，学校在国家海事局认证的"船员教育和培训质量管理体系"基础上，系统谋划"基于全面质量观的目标导向航海人才培养体系"。该体系由质量手册、程序文件、岗位工作指导手册和质量记录四层架构组成，基于 ISO 9001－2008 管理体系标准，围绕国际化人才培养目标，编制有 40 个程序文件、94 项岗位工作指导文件和教学各环节的工作标准，内容涵盖目标制定与决策、教学过程控制、条件保障以及资源建设等人才培养的全过程。通过每年定期内审、外审以及四年一次换证审核，从内外两个方面保障体系的有效运行和持续改进。该体系于 2009 年成功通过了国际著名认证机构挪威船级社 DNV 的认证，标志着学校船员教育培训资质和质量获得了国际授信认可。

（二）具有国际竞争力的航海人才培养路径探索

学校在需求导向的航海人才培养体系的总框架下,按"企业走出去需求分析→模式设计→课程改造→师资培育→文化熏陶→携手企业走出国门"思路,闭环实践了国际化航海人才培养路径。

1. 紧扣航运企业需求,创设三类校企合作育人模式

针对我国航海企业"走出去"过程中"具有国际视野和能力的高素质船员、国际化高端航运人才、境外本土航海人才"的差异化需求,学校创新实践了协同培养、定制培养以及助推培养三种校企合作育人模式;协同培养通过实施"卓越海员培养计划"实现校企双主体育人;定制培养以学校为育人主体,为企业"量体裁衣",培养企业急需的国际化高端航运人才;助推培养以企业为育人主体,联手院校走出国门,培养境外本土航海人才。三种模式互相补充、相互支撑,立足企业走出去的现实需求,充分发挥校企双方的资源优势和责任意识,校企联合、分工合作,共同为培养满足企业不同需求的国际化人才各司其职、各尽其力、各有所得。

2. 引入国际优质资源,改革课程接轨国际标准

学校在充分履行《STCW国际公约》的基础上,航海类专业实施英语分层教学。同时大力引入17门国际海事组织IMO示范课程,并以此为蓝本联合企业共同开发了16门双语课程和12门企业定制纯英语课程;购置英国VIDEOTEL公司含950个纯英文题材库的船员网上培训系统,扩大学生的泛在学习空间,自修成绩纳入专业选修学分。借鉴欧盟模式,在全国率先开展

"课程认证"试点，14门课程获得海事部门认证。现国家海事部门已发文在全国航海院校开展课程认可工作。

3. 着力实施"千帆计划"，搭建平台培养师资国际素养

学校分别以交流性的学术平台（"一带一路"海事应用人才研究院）和研究性的技术平台（校企共建的16个技术研究所）两个平台为支撑，通过配套人事分配制度改革，系统推进"千帆计划"，项目式开展教育教学、工程实践和国际素养三重能力提升工程，打造了一支双师、双栖、双语师资队伍。目前学校已有27人成长为"船长（轮机长）＋教授（副教授）"型教师，1名教师成为国际海事组织（IMO）专家。

4. 强化民族自强意识，营造氛围拓宽师生国际视野

学校模拟远洋船舶管理模式和PSC检查制度，实行半军事化管理，通过营造职场文化，树立国际职业意识。定期开展质量体系审核工作，营造顾客为上、全员参与等现代质量文化氛围，树立现代质量意识。实施服务学生成长的"百川计划"，开展形式多样的国际文化交流、英语教育培训等活动，营造校园国际多元文化氛围，树立学生爱国情怀，强化民族自强意识。

5. 找准企业需求点，助力外向企业国际化发展

一是服务大型航运央企培养稳定型船员。通过卓越海员教育培养计划，校企双主体培养"用得上，留得住，有发展"航海人才。二是助力船员外派企业拓展国际劳务市场。依托江苏

船员服务协会会长单位身份,联合区域船员外派公司主动对接Maersk等国际一流航运企业,积极开拓海外劳务市场。三是携手新兴航运企业开拓海外市场。针对新兴航运企业开拓精神强和国际市场开发经验与方法不够成熟的矛盾,携手企业开发国外船员培训市场,为企业走出去培养海外本土人才。学校和新加坡韦立集团联合创建的几内亚江苏海院韦立船员学院是该形式的典型案例。

图3-7 首届孟加拉籍培训船员圆满完成培训

图片来源:http://js.chinaso.com/qbxw/detail/20180105/1000200033014721515116319479167660_1.html

(三)成果总结

职业院校国际化的核心是培养国际认可、证书通用、具有较强国际竞争力的高素质技术技能人才。为此,江苏海事职业技术学院进行系统的探索和实践,不仅引入国际先进的全面质量观,系统构建了需求导向的航海人才培养体系,还紧扣企业走出去的不同需求精心实践了三种校企合作育人模式,通过企业化的运作和专业化的教学相结合,探索实践了与跨国企业联合培养境外本土人才的新方法。经过4年的实践应用,学校在国际化人才培养方面取得了丰硕的成果,不仅人才质量获得企业广泛认可,学生"进出"两旺,国际知名航运巨头还纷纷来校开展深层次合作,学校成为与世界最大集装箱运输企业丹麦马士基共建培训中心的唯一中国高职院校,也是世界最大船旗国巴拿马政府授予船员培训资质的唯一中国高职院校。2016年,学校成功入选"国际影响力50强",该成果于2017年获得江苏省教学成果一等奖。

四、云南林业职业技术学院:发挥区位优势,服务"一带一路"①

云南林业职业技术学院是经云南省人民政府批准、教育部门备案,具有高等学历教育资格的公办全日制普通高等职业技术学院。学院办学历史悠久,始建于1955年,是一所独立设置的专门培养实用型、技能型技术人才的林业高等职业学院。建校以来,为云南林业输送了3.5万余名中高级专业技术人员和

---

① 此案例选自全国职业院校国际化办学典型案例,载《中国职业技术教育》,2018年第12期,彩插。

管理人员，全省16个州（市）的129个县（市、区）林业局80%的技术骨干是学校的毕业生。为云南林业和社会经济发展做出了较大贡献，被誉为"云南林业人才的绿色摇篮"。

（一）"中荷森林保护与社区发展项目"奠基础

学校被指定为中国—荷兰FCCD项目的培训中心，该项目是中国和荷兰两国政府的双边合作项目"中荷合作云南省森林保护与社区发展项目"，主要针对云南省6个自然保护区（其中2个为国家自然保护区）的管理而进行，项目社会影响力非常大。学校先后承办了各类专业培训班40多个，培训学员达1000多人，为云南省林业做出了贡献。在与外方的合作中，学校教师接受了国际培训模式"参与式培训"，培养出一批具有丰富培训经验的教师，并形成了一套较为完善的培训体系，成为云南省林业的培训中心。与很多保护区建立了良好的联系，对学校的产学结合起到了积极作用。中荷合作项目为学校国际交流合作奠定了良好的基础，极大地促进了国际交流活动的发展。

（二）"中缅森林资源保护与社区发展论坛"扩影响

发挥学校办学优势，服务"一带一路"。在国家外交部门支持下，学校在云南省昆明市成功举办了以"携手共建绿色生态的美好家园"为主题的中缅森林资源保护与社区发展论坛暨研讨班。论坛规模大，层次高，影响广。共226人参会，其中，缅方代表36人，中方代表190人。缅方高度重视，派出了由缅甸自然资源和环境保护部吴文若先生（代表部长）为团长的缅甸代表团出席论坛及研讨班。国家林业部门、中国—东盟中心、云南省林业部门等单位领导出席会议并致辞。多家媒体进行了专题报道。论坛取得了圆满成功，受到与会各方的热烈欢迎，达到了预期目的，实现了增进理解、深化互信、推进合作的既定目标。

图3-8 首届中缅森林资源保护与社区发展研讨班顺利结业
图片来源：http://www.lypx.cn/NewsInfo.aspx? NId=11095

（三）国际交流项目促发展

与泰国、韩国等高校签订了合作协议，开通了应届毕业生申请到韩国专升本的通道。响应"一带一路"倡议，实施"走出去，请进来"办学方式，为沿线国家培养急需的技术技能人才。学校重点面向东盟国家留学生提供奖学金，2017年招收了首批18名老挝学历留学生。与泰国教育部职业教育委员会下属的10所院校签署了合作协议，重点开展交换生项目，目前已经完成中泰双方172名学生的交换学习。学校学生在泰国参加了"泰中语言与文化教育项目"国际研讨会并获得证书，参加了由马来西亚、柬埔寨、老挝、越南等多个国家参赛的园艺设计大赛获校级三等奖，参加了由泰国政府和教育部门主办的多国参赛的泰国厨艺大赛荣获第四名。通过丰富多彩的活动，增进了中泰学生在政治、经济、文化等方面的相互了解，进一步提高了学生语言及相关专业的学习，拓展了学生的国际视野。学校生态与环境工程学院32名学生在老挝就业，就业单位为山东太阳纸老挝分公司。生态旅游与文化学院学生秦璇入选中国茶文化代表团，作为中国茶文化国际推广大使参加米兰世博会，学校也因此荣获"百年世博中国茶文化国际交流基地"。与瑞典乌德瓦拉职业教育学院共同申报了瑞典国际发展合作署"雅典娜"项目，进行师生交流。引进国外优质资源，美国农业部首席专家进行可可优良品种示范推广。开设了多门双语课程，重视小语种工作，长期聘请小语种外教开设了越南语、泰语、老挝语、柬埔寨语等选修课，学生选修小语种课程达千余人次。学校先后派老师到日本、荷兰、新加坡、澳大利亚、美国、加拿大、德国、瑞典、瑞士、柬埔寨、缅甸、泰国等学习和深造，与很多国家建立了友好交流关系。2017年，学校当选为"澜沧湄公河职业教育联盟"副理事长单位。荣登2016全国高职院校"国际影响力50强"。

图 3-9 民族文化体验周暨中外学生互动日活动

图片来源：http://www.ynftc.cn/Item/4701.aspx

五、南通航运职业技术学院：打造"跨境校企共同体"，创建中外合作办学新机制——中新（南通）国际海事培训中心的实践与成效[①]

"跨境校企共同体"是指境外企业与国内职业院校两个主体之间以协议形式缔约建设校企合作的新型组织形式，是从宏观角度对跨境校企合作的各个微观层面进行系统化管理的一个创新型实体。该实体基于职业教育国际化的发展趋势，围绕利

---

① 此案例选自全国职业院校国际化办学典型案例，载《中国职业技术教育》，2017年第29期，彩插。

用国外企业及行业的先进技术、资源及信息方面的优势，通过校企深度融合和人才培养模式创新，实现人才培养过程的国际化。

2011年11月11日，南通航运职业技术学院（以下简称"南通航院"）、新加坡海员联合会和森海海事服务（新加坡）有限公司合资成立了中新（南通）国际海事培训中心（以下简称"中新国际"）。"中新国际"在"政府扶持，行业牵头，学校主导，企业参与"的合作模式下，以南通航院为主体成立董事会，采用企业化的运作和管理，实现校企共管、设备共享、风险共担，引进国际行业标准和优质教学资源，围绕国际航运发展需求开发双语培训课程和项目，旨在培养国际化的高技能应用型航海人才。

图3-10 中新（南通）国际海事培训中心开业典礼
图片来源：http://snimi.com.cn/news_msg.asp?id=42

(一)"跨境校企共同体"的运作与实践

1. 行、企、校三方共建混合所有制办学模式

国外行业协会、外国企业和国内高职院校三方共建"中新国际",采取混合所有制办学模式,建立董事会制度。"中新国际"的成立是基于"跨境校企共同体"合作模式的航海教育国际化的直接体现,凭借学院培训设备及专业师资力量的基础优势,吸引国际知名行业协会和企业加盟,借助国外行业协会信息优势和新加坡航海教育先进理念、教学资源,为满足国际航运市场需求培养高端航海人才。

2. 以国际化认证构建教育管理体系

教学质量的监控和评价是维系航海培训机构人才培养质量的重要保障。"中新国际"获挪威船级社(DNV)培训质量体系的认证。DNV质量管理体系采用内部审核和外部审核相结合的方式对教育培训的各个环节实行监控和评价,在提供具有国际标准的海事教育和培训课程的同时,使人才培养适应国际船东的要求,全面提升船员在国际劳务市场上的竞争力。

3. 基于双语教学课程体系,开发海事培训项目

"中新国际"根据国际海事组织(IMO)最新公约,依托新加坡海员联合会、森洋海事服务(新加坡)有限公司的海外资源,引进了英国船商公司 NT-PRO 4000 型船舶操纵模拟器和

英国唯视导公司300多门航海类专业课程。借助"跨境校企共同体",学院将国外的优质教学资源"本土化",按照海上专业"支持级—操作级—管理级"三个职业岗位,校企联合对应开发了"基础层—晋阶层—提升层"三个教学层级,构成"三级三层"双语课程体系,其中船舶结构货运、船舶管理、机舱资源管理、动力设备操作、基本安全培训等15门课程获得IMO国际示范课程认证。2014年和2015年,"轮机自动化"和"GMDSS通信业务"两门课程被评为"江苏省外国留学生全英文授课精品课程",《轮机自动化(英文版)》教材荣获江苏省"十二五"重点建设教材。

(二)"跨境校企共同体"的办学成效

1. 立足国际航运企业,拓展海外培训市场

"中新国际"先后与丽星邮轮集团公司、美国总统航运、新加坡海洋油船、挪威邮轮公司等10多家具有世界影响力的国际船东建立了稳定的合作关系,多次承办或协办了亚洲船东论坛、中国航海日活动、新加坡海鹰邮轮公司"高级船员研讨会"等国际行业及企业会议,为伊拉克港口通用公司、新加坡AET海鹰油轮公司、新加坡海洋油船公司(OCTK)、丽星邮轮公司等国外企业提供岗位技能强化培训、海事英语强化培训等在职人员培训。

2017年,学院又与中航国际成套设备有限公司合作在喀麦隆、几内亚等非洲国家开展职业教育,与上海中船海员管理

有限公司签订"国际化'现代学徒制'人才培养合作协议",在柬埔寨共建船员培训中心。

2. 响应"一带一路"倡议,推进国际教育交流

依托"中新国际"搭建海外交流平台,学院加强了与国(境)外同类院校的合作与交流。2011年起,学院与新加坡新瑞教育学院合作开设中外合作办学国际邮轮乘务管理专业,学生可参照国内收费标准赴新加坡留学,并获得外方毕业证书。2012年起,学院与马来西亚海事学院缔结友好合作院校,双方每年定期开展师生互访活动。2015年,学院与柬埔寨西线教育集团就合作培训、合作招生、师生交流等方面签署了备忘录,多次选派教师赴西线教育集团任教,双方合作开设了"初级汉语""交际汉语""商务汉语"3门课程的培训,共计培训了400余名柬埔寨学生。

图 3-11　海鹰油轮 Eaglestar 操作级船员研讨会
图片来源:http://snimi.com.cn/news_msg.asp?id=115

3. 打造国际化的师资团队，实现学生海外就业之路

借助"跨境校企共同体"灵活的用人机制，学院广泛吸纳外籍兼职教师，建立师资交流互动、共享互聘的国际化师资培养基地，打造了一支具有国际视野、专兼结合的"两高"（高学历、高职称）和"两双"（双师型、双语型）国际化教学团队。

通过"跨境校企共同体"的有效运作，航海类专业学生在校即可参加国际通用职业资格证书考试，通过考试的学生可获得中英文版的专项技能证书，毕业生证书获取率达到98.1%，推动了学生海外就业"直通车"，毕业生在境外企业的就业率达到36.27%。

（三）结语

"跨境校企共同体"是校企双方以合作共赢为基础和以协议形式缔约建立的相互开放、相互依存、相互促进的人才培养平台与载体，是校企合作的新的组织形式。5年来，"中新国际"作为典型案例先后入选教育部门发布的《中国高等职业教育人才培养质量报告（2013）》《全国高职高专校长联席会议——高等职业教育创新发展成果优秀案例选编（2015）》《江苏省教育国际合作交流典型案例（2013）》《江苏省高等职业教育改革发展创新案例集（2014）》《江苏省高校非学历继续教育办学典型案例集（2015）》。2013年12月，南通航运

职业技术学院荣获"江苏省教育国际合作交流先进学校"称号。

2017年3月,南通航院受全国交通运输职业教育教学指导委员会委托,牵头联合国内外航海职业院校、行业协会、航运企业、科研所和其他社会组织建立了"新海上丝绸之路航海职业教育集团(联盟)",进一步深化了"跨境校企共同体"的合作机制,有效推进了高等职业教育的国际化进程。

以上湖南工业职业技术学院、江苏海事职业技术学院、云南林业职业技术学院、南通航运职业技术学院四个案例均选自2017—2018年《中国职业技术教育》职业教育教学成果奖获奖项目典型案例或全国职业院校国际化办学典型案例。

第四章 高职国际化人才培养环境生态重构策略

当前我国国际化人才建设面临着培养模式单一、优质师资不足、国际化水平较低、师生交流互动不够等问题。因此，需在精准学校定位、完善顶层设计的基础上，多方联动推进教育供给优化、教育共享发展模式创新，责任共担，共商共建，做好"一带一路"人才培养。

一、学校精准定位

（一）何为定位

我们一般认为"定位"是一个收集、挖掘、比较、选择的过程，通过它将特色归纳出种类和层次，在相互比较后，选择自身特色的一个过程。然而，"定位"作为一门理论早在1969年就被提出了，创始人杰克特劳特将定位定义为：如何让你在潜在客户的心智中与众不同。一般而言，人的心智只接受与其以前的知识与经验相匹配或吻合的信息，所以把焦点集中在潜在顾客而非产业，就简化了选择过程，这有助于大幅提高传播效率。① 宝马：驾驶，沃尔沃：安全，同济大学：建筑，河海：水利。这些企业单位仅仅用一词就占领了人们的心智，从而跻身行业顶尖序列。由此，定位的力量可见一斑。

（二）定位策略

1. 定位分析

不同学院，往往录取分数不同；同一所学校，由于专业不同，录取分数也存在着一定的差距。因此，首先学校应从专业特色、与对口国家的匹配度等角度进行全面排摸和彻底分析。一是考虑到专业的稀缺性问题，可分为：属于独一无二、较为稀少、大众化和同质竞争。二是考虑到行业领先地位，可分为：处于金字塔尖的领导型专业、排在第二梯队的专业、一般专业。三是考虑到专业人才的市场需求度，可分为：旺盛、潜力型、一般、饱和、过剩。四是区域性优势，可分为：全球、全国、全省、全市。五是对口匹配度，可分为高、中、低三档。各指标相结合，确认优势。其次，优势叠加。领先的标准至少是占据地区优势：全市第一或唯一。在确认优势专业的基础上，合并学院内部相似专业，集中优秀教师和优质资源、对接对口国，

---

① （美）阿尔·里斯，杰克特劳特：《定位》，北京：机械工业出版社，2011年出版，第2、13页。

强化专业知识、职业技能培养，优化语言教学课程和方式，深化国际化实践广度和深度。专业、语言、国际化实践叠加，催生化学反应，优者更优、强者更强。最后，优势延伸。聚焦优势，精准定位，做大做强主打专业。在此基础上培育上下游专业协同，在占主导地位的专业"做加法"，彼此间相互独立，又在教师力量和资源上实现共享，形成更稳定、优势更明显的定位。

以苏州经贸职业技术学院为例，其优势专业集中在电子商务、物流管理、旅游管理、酒店管理等。依据前文的"定位、叠加、延伸"三部曲，如果以泰国作为对口国，旅游是泰国的优势产业，旅游专业无疑是经贸学院的最佳选择。再者，旅游同样也是苏州的特色产业，相互借鉴、强强联合，既能相对独立发展，又能互惠共赢。经贸学院将旅游做优做强，占据领先地位，再逐步培育酒店管理、电子商务等专业，聚集优质资源形成共生专业链。

从全国、全球高校排名变化可以看出，处于第一方阵的高校，其地位并非不可撼动。因此，学校应以"人无我有，人有我优，人优我精"为目标，通过精准定位，提升高职国际化人才的层次，增强学校的竞争力。

（三）定位特色专业

专业是高职院校的名片，也是院校发展的根本。在现有专业布局的基础上，学校应对接国家战略，调整专业设置，形成自身特色，成为全国高职院校发展道路上的排头兵，占据高点。

1. 特色专业内涵

特色专业是指高职院校在专业建设的目的目标、培养模式、课程体系，与教学内容、实践教学、教学设计与教学方法、师资队伍、社会服务等方面体现出来的独特风格，培养的学生质量在整体上要优于或有别于其他院校该专业学生，并得到社会的广泛认可、有较高声誉的专业。[①]

2. 特色专业的一般属性

（1）独到性。从院校的实际情况出发，对自身的办学基础和业已形成的专业结构及教学能力进行分析，摸清自身的特色与优势，扬长避短，选择最适合的特色方向。对其他院校特别是相同层次高职院校的相同专业建设情况进行调研，对比分析，寻找专业方向的空挡或在同类专业上寻找特色课程、特色实践方案、特色就业渠道等差异化的竞争优势，全力打造自己的特色专业。在专业建设内涵上下功夫，体现出自己专业的独特性。

（2）区位性。地域性是高职院校特色专业培育中所包含的地方特色，围绕学校所在服务的行业或区域的区位优势、地缘优势、资源优势、行业优势以及本地经济建设和社会发展的实

---

① 孔德兰：《高职院校专业特色化建设机制研究》，载《黑龙江高教研究》，2010年第10期，第75—77页。

际需求,本着"立足本区,辐射周边,服务战略"的思路来建设特色专业。[①]

(3)方向性。特色专业是在人才培养过程中逐渐形成的,是办学理念与客观效果和谐统一的结果。它对于人才培养质量的提升、学生综合素养的提高、专业社会影响力的扩大具有方向引领与示范辐射效应。特色专业建设的核心作用就是培养具有较强竞争力,适应社会经济发展的优秀人才。

3. 特色专业建设的内容

(1)理念特色。办学理念和专业建设观念是高职院校特色专业建设的指导思想,影响着特色专业建设的方向、进程和绩效。

(2)方案特色。培养方案不仅要科学合理,还要突出特色。

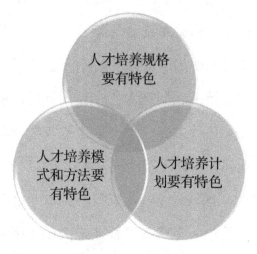

图4-1 人才培养规格、模式、计划等关系图

---

① 周茂东、张福堂:《高职院校特色专业建设探析》,载《广东技术师范学院学报》,2009年第1期,第63—66页。

(3) 师资特色。

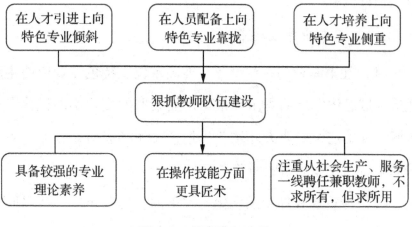

图 4-2 师资队伍建设

(4) 教学特色。

教	学	教与学的结合
• 在课堂教学和实践教学这两大体系中,在课程结构、课时比例、教授方式、考核方法等方面办出特色。	• 学生学习要有积极性、创造性,要有把理论转化为能力(大赛、专利、发明)的动力与决心,学院要为他们营造一个良好的、宽松的求学环境。	• 教师应强化特色教学意识,摸索教学规律,研究学生心理,进行个性化教学,以实现教的方向与学的兴趣的恰当结合。

图 4-3 教与学关系

(5) 管理特色。特色专业的建设要有文件规范,这是在制度上对特色专业建设予以保障;其管理要不同于一般专业建设的管理,学院要对特色专业赋予系、部更大的专业建设和教学管理自主权；以管理促教学，以管理特色促教学特色，相辅相成、相得益彰。①

4. 特色专业建设要求

（1）注重专业的科学设置与准确定位。特色专业应能主动适应区域经济发展的需求，根据产业集群的变化不断优化专业内涵。准确定位专业人才培养目标，关注社会对该专业人才需求的调研和就业质量的跟踪考察。

（2）注重课程体系的优化与教学内容的改革。坚持以职业能力为本位，以工作过程为导向，依据职业标准开发课程体系；以工作任务组织教学内容，并与国家职业资格标准相衔接；以典型产品和服务设计为教学活动单元；课程体系和教学内容能够体现以立德树人和职业能力培养为主线。

（3）注重实践教学设计与实施。根据职业技能培养的需要设计实践教学体系；以真实的工作任务或服务任务为载体设计实践教学项目、内容，在具有实践或仿真职业氛围的实训基地实施实践教学；由具有行业企业经历的教师或来自生产第一线的兼职教师进行教学和指导；强化毕业顶岗实习覆盖率，健全实习大纲、考核标准与办法，确保毕业顶岗实习效果。

（4）注重专业教学团队的优化。以知识、职称、年龄、学历等为要素，合理布局特色专业教学团队的结构，提高生产第

---

① 宋若臣：《财经类高职院校特色专业建设研究》，载《山东省青年管理干部学院学报》，2007年第5期，第93—95页。

一线兼职教师的占比,突出"双师结构"教学团队建设;提升专业教师的实践教学能力,增加具有行业企业经历的教师的比例;专业带头人在行业企业有一定影响力和较高知名度,社会认可度高。

(5)注重社会服务能力的提升。根据社会、企业的需要,特色专业的教师主动承担职业技能培训和岗位培训任务,积极为落后地区的教育发展服务;主动承担技术服务与咨询项目,承担企业横向课题,利用业余时间为企业和社区服务。

(6)注重人才培养质量的提高。提升学生获得职业资格证书的比例及大赛获奖比例;以专业教育为基础,拓展实践实训的内涵和时限,以培育具备"扎实的语言应用能力,熟练的职业技能,灵动的创新思维,丰富的国际视野"人才为目标,提升人才国际化程度,提高就业竞争力。

二、完善顶层设计

(一)国家层面

教育及相关部门在深入调研的基础上,科学合理完善机制体制建设,出台政策推动教育输出和引进。在境外办学方面,制定符合新时代要求的鼓励措施和管理规范,在扶持的同时加强监督和指导。基于"一带一路"蓝图,科学预测各类国际化职业人才的需求，以"人才培养与战略发展高度契合"为原则，结合区域优势、教学特色，引导和协调各地开展教学工作，统筹规划、合理布局、均衡发展。

1. 出台政策支持

中共中央办公厅、国务院办公厅印发了《关于做好新时期教育对外开放工作的若干意见》，指出要实施"一带一路"教育行动，充分发挥教育在"一带一路"人才建设中的重要作用。教育部出台了《推进共建"一带一路"教育行动》，并先后与甘肃、宁夏、福建、广西、海南、贵州、云南、新疆8个省和区签署了"一带一路"教育行动国际合作备忘录；出台了《高等职业教育创新发展行动计划（2015—2018年）》，文件中包含了三大内容、四项基本原则和四项主要目标，制定了行动计划任务清单，旨在推动高职教育创新、健康、持续发展，并指明方向。

2. 加强东西部教育发展共享

加大东西协作工作力度，深化区域间的教育合作。各地高职院校应全面贯彻落实国务院《职业教育东西协作行动计划（2016—2020年）》，在中央确定的东西部扶贫协作框架下，积极探索盘活、扩大优质职业教育资源，增强发展能力的合作机制，深化东西部地区的教育合作，在推进职业教育充分、平衡发展上下功夫、做文章、求实效，积极发挥优质高职在全国教育共享发展的重要作用，争创东西部教育齐头并进、共同发展的新局面。①

3. 联合开展人才培养和培训

加强与沿线国家人才建设的交流互动、优势互补，联合开展人才培养和培训工作。一是借鉴新加坡、印度等沿线国家在人才建设方面的经验和优势，加强经验交流和人才培养合作，同时吸引海外优秀人才机构来华指导。二是调动国内有关资源帮助沿线国家培养"一带一路"建设所需人才，帮助提升沿线国家人力资源建设水平。

4. 利用海外人才培养平台

充分发挥华人华侨和留学生作用，利用好孔子学院等海外人才培养平台。一是发挥沿线国家的华人华侨、孔子学院等海外平台对"一带一路"建设的积极作用，协助中国企业更好融入当地文化。二是设立"一带一路"留学基金，鼓励我国与沿线国家间的留学生互换，培养更多了解彼此语言和文化的人才。②

（二）地方层面

属地政府和教育部门作为教育工作的主管方，利用大数据、

---

① 《江苏省高等职业教育质量年度报告（2018）》，北京：中国水利水电出版社，第67页。

② 国家信息中心"一带一路"大数据中心：《"一带一路"大数据报告2017》，北京：商务印书馆，2017年9月出版，第199—200页。

智库等手段和力量,调研沿线国家所需人才,根据地方优势和高职院校各自特色,把握发展方向和趋势,统筹规划地方人才培养的对策。引导属地高职院校的专业、语言、生源的布局和配比,形成各具特色、百花争艳、错位发展的格局;协调各方力量牵线搭桥,助推教师队伍、教育资源的优化,扶持中外教育互动交流,实现资源共享、相互促进;加强校企合作,促进高校和企业的深度对接,加强人才培养与企业需求匹配,引导"走出去"的企业更加关注人才建设和管理,注重人才本地化;资金扶持、拓宽融资渠道,解决境外办学资金瓶颈。

1. 省级政府

省级政府肩负落实政府责任、建设品牌专业、出台扶持政策等重大使命,履职的好坏直接决定了国际化职业人才培养工作的优劣和成败。对接战略的眼光、超前务实的布局、切实有效的举措、宽严并济的管理是政府推进人才建设的保证,江苏在实践中做了有益探索,形成了可供借鉴的宝贵经验。江苏省政府办公厅发布了《江苏高等职业教育创新发展卓越计划》[①],以"服务发展,创新引领;扶优扶强,彰显特色;产教融合,协同育人;以文化人,优化治理"为原则,坚持以立德树人为根本、以能力提升为核心、以产教融合为抓手、以开放创新为突破,建设一批全国领先、特色鲜明、充满活力的高职院校,

---

① 《省政府办公厅关于印发江苏高等职业教育创新发展卓越计划的通知》(苏政办发〔2017〕123号)。

布局高职卓越发展蓝图。2017 年，江苏省教育厅在继续重点推进"品牌专业"建设项目、产教深度融合实训平台项目的基础上立项"高水平骨干专业"建设项目。江苏省教育厅加强对品牌专业、骨干专业的过程引导，通过开展学术活动周、建立产教深度融合实训平台在线监测体系、加强中期检查等手段，专项建设由投入激励向绩效考核转变，由结果管理向过程引导转变，提高专项绩效。将教师发展与教学团队建设、课程教材资源开发、实验实训条件建设、学生创新创业训练、国内外教学交流合作、教育教学研究与改革 6 个方面作为主要内容，政府加大指导和投入，支持高职教育发展。另外，地方政府、高教园、科技网等对高等职业教育给予了特别的政策支持，有力推动了高职教育与产业相融，服务区域经济发展。①

2. 市级政府

人才是第一生产力，一切发展都离不开人才，高职教育也不例外。然而既有的政策和机制体制未能完全激活高职院校引进人才的动力，苏州的"破壁引才"等做法值得借鉴。苏州市出台《关于支持高等院校、科研院所引进高层次人才的实施办法》，设立顶尖型人才（A 类）、领军型人才（B 类）、骨干型人才（C 类），分别予以资助奖励。除市属的高职院校，凡在苏的高职院校均可享受人才新政。其中，C 类人才，包括行业

---

① 《江苏省高等职业教育质量年度报告（2018）》，北京：中国水利水电出版社，第 37 页。

公认、技艺精湛的高技能、工艺人才等被纳入资助范围,更是激发了高职院校人才引进的热情。此外,苏州市政府还给予苏州工业职业技术学院等市属高校高层次人才引进政策,所有引进的高层次人才单独核编,不占学院原有事业编制。出台《苏州市职业教育校企合作促进办法》《关于加快发展全市现代职业教育的实施意见》,明确提出要大力支持职业院校建设,加快培养产业所需人才。苏州市政府专函支持苏州工艺美术职业技术学院、苏州工业职业技术学院、苏州农业职业技术学院等院校创建高水平高等职业院校。此外,将苏州工艺美术职业技术学院的"中国手工艺博物馆"(实践教学基地)列入苏州市"百馆计划",并投入1亿元进行建设;投入1.5亿元建设苏州工业职业技术学院3.5万平方米综合实训大楼。①

(三)学校层面

精准定位,突出主业,延伸优势,合理设置学科专业和研究机构,与其他学院错位竞争;制定本校发展规划,合理教师、资源分配,科学学制、课程设置;加强教师队伍培训,加大教育设施、设备投入,提升教育软件和硬件的质量;以我为主开展中外教育互动交流、校企合作等活动,拓展师生国际视野;对上积极争取政策,破解审批、许可难题,通过自筹、融资、

---

① 《江苏省高等职业教育质量年度报告(2018)》,北京:中国水利水电出版社,第45、46页。

扶持解决资金短板。

1. 紧贴产业，调整专业

专业设置是学院特色的集中体现，专业之于学院好比产品之于厂商，其重要地位不言而喻。调整专业结构，集中优势力量，彰显院校主业特色，逐步形成院校自身更强的竞争优势。

（1）专业调整的基本依据。

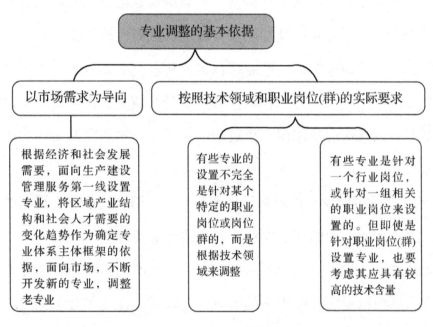

图 4-4　专业调整依据

（2）专业调整的原则。

① 市场导向。高职教育应该是最贴近社会经济和市场需求的高等教育，其目的是培养直接面向生产、建设、管理、服务一线从事技术应用工作的高技能人才，所以必须面向社会和市

场调整专业。专业建设必须以区域经济和社会发展需求为基本导向,选择好专业的基本服务面向,使专业建设充分体现地区产业和行业企业的特点,以更好地适应市场和社会需求。

② 动态调整。妥善处理好专业设置与布局中的稳定性和灵活性是办好专业的关键。教育有连续性和周期长的特点,要形成专业特色和优势必须经过不断探索、积累和完善的长期过程。专业建设的规模、水平和质量与专业的稳定性是相互联系、不可分割的,因此专业设置要保持稳定性。高职教育受社会经济制约,区域经济结构、产业结构的变化及行业新技术、新工艺的出现必然要求对与之相适应的专业进行调整。因此,专业设置与布局在保证整体相对稳定的前提下,必须兼顾灵活性和扩展性。

③ 适度宽泛。随着高新技术的广泛应用、技术综合程度的提高、服务产业的蓬勃发展,原来的专业和行业之间的界限日趋淡化,产生了一系列复合型、技术含量高的职业岗位,并大量涌现出以智力技能为主的智能职业岗位。在此形势下,除少数有特殊要求、人才需求稳定的职业领域设置针对性强、专业面向较窄的专业外,在专业设置和调整时应以宽为主,宽窄相济是发展的必然趋势。鉴于此,在重视面向职业岗位(群)的专业教育的同时,注重学生的综合素质和技术应用能力培养,提高他们适应就业市场变化的职业迁移能力。

④ 吐故纳新。保持新专业设立与老专业退出的同步,形成

动态淘汰更新机制，增加复班招生的专业，压缩单班招生的专业，保持专业数量与规模的适度与合理，防止专业数量的膨胀。

2. 调整体制机制

探索混合所有制与职教集团等各种协同育人体制。充分发挥多方协同育人功能，进一步深化产教合作联盟、职教集团体制机制，积极试点混合所有制改革，营造了"政、行、企、校"良性互动、优势互补、责任共担、成果共享、合作共赢的可持续发展生态环境。一是联合行业、企业建立混合制二级学院,制定办学章程，建立制度保障学院运行、管理；二是校企共建生产型实训基地，合作开展教育培训、技术认证、对外交流、师资培养，在科研、生产等方面开展深入合作；三是联合招生、联合培养，探索系统解决招生、招工"难"问题。①

3. 深化产教融合

健全与产业发展的联动机制，跨界整合，打造产教融合良好生态。集聚政、行、企、校多方资源，打造工程技术研发中心、工艺产品开发中心、技术成果转化中心、技术创新推广中心、公共技术服务中心；瞄准职业教育及产业发展关键环节精准发力，创新机制、深化改革，全力深化产教融合，加快推进

---

① 《江苏省高等职业教育质量年度报告（2018）》，北京：中国水利水电出版社，第21页。

职业教育现代化建设。①

4. 激发内生动力

采取措施，激发院校内生发展动力，注重院校的内涵建设与常态化发展，从政府驱动改革向自主开展一流院校建设转变。在支撑国家战略等方面做出快速反应，按照高端技术技能人才培养需求确定建设目标，将一流院校建设、一流专业建设与国家创新驱动发展战略紧密融合，扩大现代学徒制、产教创新联盟、集团化办学等项目（模式）试点效应，培养重心向高端技术技能人才转移，培养专业向重点领域拓展，探索更优的学生发展路径，实现更强的服务贡献能力，切实担负起主体责任，尽快确定与自身区域经济发展水平相适应的建设规划，明确合适的发展方向、合理的增长路径和模式，形成稳中有升的动态调整机制。②

三、强化语言能力建设

加强"一带一路"语言能力建设是推进倡议顺利实施的基础性工作。通过对沿线国家、国内院校、孔子学院等进行深入

---

① 《江苏省高等职业教育质量年度报告（2018）》，北京：中国水利水电出版社，第59页。
② 《江苏省高等职业教育质量年度报告（2018）》，北京：中国水利水电出版社，第79页。

调研，利用大数据分析发现，"一带一路"语言种类丰富，语言人才需求迫切。国内"一带一路"语言人才培养处于起步阶段，"量少面窄"的现状不能匹配倡议建设；孔子学院、孔子课堂等机构在沿线国家所占规模较小，难以满足汉语学习需求。建议启动国家"一带一路"语言能力建设工程，加强统筹规划、强化人才培养、提升服务能力、促进国际交流，为推进"一带一路"建设奠定坚实基础。

（一）"一带一路"语言分布及语言人才需求情况

1. 沿线国家官方语言种类丰富，使用情况较为复杂

从官方语言数量来看，沿线64个国家共有52种官方语言。除波黑外，其他63个国家均在本国宪法中明确规定了本国的官方语言。从沿线国家官方语言的种类看，新加坡的官方语言种类最为复杂，包括英语、马来语、华语和泰米尔语4种，9个国家有2种官方语言，其他53个国家均只有1种官方语言。从语言使用和分布情况看，英语、俄语、阿拉伯语是主要语言。其中，东南亚的新加坡、菲律宾和南亚的印度、不丹4个国家使用英语；东北亚的俄罗斯、中亚的哈萨克斯坦、吉尔吉斯斯坦、塔吉克斯坦以及中东欧的白俄罗斯5个国家均使用俄语。然而，上述多数国家也同时至少使用一种其本国通用民族语言作为官方语言。此外，西亚和北非地区有14个国家使用阿拉伯语，其他地区还有3个国家使用马来语、2个国家使用泰米尔

语。除官方语言外，各国国内使用的地区语言或少数民族语言也种类繁多。例如，菲律宾境内除了其国家通用语言和官方语言外，使用人口超过百万的民族语言就有他禄语、宿务语、伊洛卡诺语等十几种。

2."一带一路"语言人才需求迫切

通过国内外互联网大数据分析发现，在"一带一路"人才需求方面，语言类人才分列国内媒体和网民关注度排名第一位、沿线国家媒体和网民关注热度排名第四位。其中，除英语、阿拉伯语等使用广泛的语种外，土耳其语、孟加拉语、波斯语等也受到媒体和网民的高度关注。国内外媒体和网民普遍认为，"语言互通"是"一带一路"互联互通的基础，随着"一带一路"建设的深入推进，语言人才特别是小语种人才十分短缺，语言服务能力明显不足，加强"一带一路"语言能力建设显得十分迫切。

（二）"一带一路"语言人才培养情况

1. 国内"一带一路"语言人才培养开始起步，但规模还不能满足需求

目前，结合"一带一路"建设的需求，国内各院校开始加大对语言人才的培养力度，主要表现在两个方面：一方面，我国部分高校已逐步新增涉及"一带一路"沿线国家语言的专业。自"一带一路"倡议提出，我国大部分外语院校新开设了

多种语言专业，其中2016年新增外语专业最多。另一方面，一些院校开始优化语言人才培养方案，"语言+X"综合性人才成为培养新重点，外语类专业学生实行"语种+专业方向"或者"小语种+英语"的培养模式。

但目前的语言人才供给还不能满足"一带一路"建设的需求，从"一带一路"沿线国家官方语言看，目前我国高校开设的外语语种以英语、俄语、阿拉伯语等为主，仍有部分语言尚未开设。而非通用语言人才更是匮乏，"国家外语人才资源动态数据库"高校外语专业招生情况统计显示，2010—2013年已招生的20个"一带一路"小语种中，11个语种的在读学生数不足100人，波斯语、土耳其语和斯瓦希里语3个语种仅50~100人，其余8个语种更不足50人。

2. 孔子学院等汉语人才培养机构快速拓展，但在沿线国家的规模相对较小

"语言是了解一个国家最好的钥匙。"近年来，随着中国经济的发展和国际交往的日益广泛，全球汉语学习需求快速提升，以教授汉语和传播中国文化为宗旨的孔子学院也获得蓬勃发展。截至2016年，全球140个国家（地区）共建立511所孔子学院和1073家孔子课堂。随着"一带一路"的深入推进，汉语在"一带一路"沿线国家也日益受到重视，但孔子学院、孔子课堂的数量却相对较少。在"一带一路"沿线国家范围内，共有134所孔子学院和130家孔子课堂，仅占全球的26.22%、

12.12%，甚至有 13 个国家既无孔子学院，也无孔子课堂，远远不能满足"一带一路"互联互通的需求。

表 4-1　外语类高职院校外语专业开设情况一览表

序号	高职院校	开设专业
1	广东省外语艺术职业学院	商务日语｜应用英语｜商务英语｜旅游英语｜英语教育
2	石家庄外国语职业学院	应用英语｜旅游英语｜商务日语｜应用韩语｜应用法语
3	内蒙古经贸外语职业学院	应用韩语｜商务英语｜旅游英语
4	云南外事外语职业学院	商务英语｜应用韩语｜应用泰国语*
5	兰州外语职业学院	应用英语｜应用日语｜商务英语｜旅游英语｜应用阿拉伯语*
6	江西外语外贸职业学院	商务英语｜应用英语｜旅游英语｜商务日语｜旅游日语｜应用德语｜应用韩语｜应用法语｜应用阿拉伯语*｜应用西班牙语｜应用葡萄牙语*｜应用俄语*｜应用意大利语
7	河北外国语职业学院	商务英语｜应用英语｜旅游英语｜商务日语｜应用日语｜旅游日语｜应用俄语*｜应用德语｜应用法语｜应用西班牙语｜应用韩语｜应用阿拉伯语*｜英语教育

(续表)

序号	高职院校	开设专业
8	山东外国语职业学院	应用英语 ｜ 应用日语 ｜ 应用俄语* ｜ 应用德语 ｜ 应用法语 ｜ 应用韩语 ｜ 旅游英语 ｜ 商务日语 ｜ 应用西班牙语 ｜ 应用阿拉伯语*
9	上海工商外国语职业学院	应用英语 ｜ 应用日语 ｜ 应用德语 ｜ 应用法语 ｜ 应用韩语 ｜ 应用西班牙语 ｜ 应用俄语*
10	海南外国语职业学院	应用英语 ｜ 商务英语 ｜ 应用日语 ｜ 应用韩语 ｜ 商务日语 ｜ 应用泰国语* ｜ 应用外语（印尼语）* ｜ 应用越南语* ｜ 应用阿拉伯语* ｜ 应用俄语* ｜ 应用法语 ｜ 应用德语 ｜ 应用西班牙语 ｜ 应用外语（葡萄牙语）*
11	武汉外语外事职业学院	应用英语 ｜ 商务英语 ｜ 旅游英语 ｜ 商务日语 ｜ 应用法语 ｜ 应用韩语 ｜ 应用西班牙语
12	湖南外国语职业学院	商务英语 ｜ 旅游英语 ｜ 应用日语 ｜ 应用韩语 ｜ 应用葡萄牙语* ｜ 应用意大利语 ｜ 应用西班牙语

*标示"一带一路"沿线国家使用语种。

(三)"一带一路"语言服务机构发展情况

1. 从总体看,语言服务机构增长迅速,但地域分布不均衡

语言服务业发展迅速,但绝大多数规模较小。语言服务业作为新兴服务业的组成部分,行业已具相当规模。从行业产值和机构数量看,均有不同程度的增长。从注册规模看,呈逐步扩大趋势,企业实力不断增强,但亿元级大型语言服务企业的数量和占比仍然较小。从服务范围来看,主要集中于北京、上海、广东,覆盖的服务地域分布相对不均衡。

2. 从语种看,语言服务机构对沿线国家小语种涉及较少

通过对全国423家语言服务机构调研发现,"中译外"和"外译中"两种业务涉及的外语种类一致,提供中译英服务、英译中服务的企业占比最高,分别为96.93%和94.80%(见表4-2),其次为日语、法语。在非通用语言尤其是"一带一路"沿线国家非通用语言方面,仅有2.60%的企业提供"中译外"和"外译中"服务,占比较少,小语种的服务能力严重匮乏,制约中国企业进入当地进行贸易合作。

表 4-2　企业"中译外"和"外译中"业务涉及外语种类

"中译外"的语种	企业数量/个	占比/%	"外译中"的语种	企业数量/个	占比/%
英语	410	96.93	英语	401	94.80
日语	345	81.56	日语	341	80.61
法语	340	80.38	法语	338	79.91
德语	334	78.96	德语	334	78.96
俄语	328	77.54	俄语	325	76.83
西班牙语	320	75.65	西班牙语	316	74.70
朝鲜语	310	73.29	朝鲜语	307	72.58
葡萄牙语	263	62.17	葡萄牙语	260	61.47
阿拉伯语	240	56.74	阿拉伯语	237	56.03
其他	11	2.60	其他	11	2.60

注：数据来源于《2016中国语言服务行业发展报告》（中国翻译协会发布）。

（四）语言能力建设策略

语言是传承人类文明、促进文化交流的主要载体，是国家的重要战略性资源。当前，全球化和信息化使语言的功能空前拓展，语言在文化、政治、经济、科技、军事、国家安全、外交等领域的作用日益重要。世界各国包括发展中国家纷纷推出国家语言战略，提升语言战略层次，拓展战略视域，推出重大举措，努力控制高点。可以说，国家语言能力建设问题已经刻不容缓。特别是随着"一带一路"建设的深入推进，对国家语言能力提出了新的紧迫需求，建议启动国家"一带一路"语言能力建设工程，着力增强语言实力，建设语言强国，为推进"一带一路"建设奠定坚实基础。

1. 加强"一带一路"语言能力建设统筹力度

一是建立国家"一带一路"语言能力建设统筹协调机制，制订"一带一路"语言专项规划，明确语言能力建设时间点、任务书和路线图。二是整合各类资源，建立国家"一带一路"多语言中心和"一带一路"语言数据库，打造"一带一路"语言研究国家级智库，加强对"一带一路"沿线各国语言、特别是小语种的研究工作。三是统筹推进汉语在沿线各国的推广应用，将汉语确定为"一带一路"建设的通用语言之一，确保汉语在"一带一路"关键领域、重要项目和重大工程相关文本和国际会议中的主导地位和作用。

2. 努力提升"一带一路"语言服务和开发利用水平

一是建立"一带一路"语言服务网络平台，推动语言技术发展，建立包括在线翻译、多语云智库、会展语言等多维语言服务体系，提高语言服务移动化、智能化水平，推动传统语言服务行业转型升级和发展壮大，形成适应我国在对外经贸合作和人文交流中所需要的语言在线服务能力。二是建立"一带一路"语言大数据共享联盟，探索语言大数据增值服务机制，为

"一带一路"建设和企业"走出去"提供高品质多语言服务支持。

3. 大力推进"一带一路"语言国际合作交流

一是建立国家"一带一路"语言博物馆，与沿线国家和有关机构共同发起"一带一路"国际语言博览会，打造全球语言集散中心和最具影响力的"一带一路"国际语言合作交流平台。二是加强孔子学院等汉语机构在沿线国家的布局，帮助海外汉语学校加快发展，使其成为"一带一路"上推进汉语言文化传播及应用的服务区和加油站。三是充分发挥市场和社会的拉动作用，整合国内外企业、教育机构、智库机构、华人华侨等各方面力量，拓展"一带一路"多层次语言文化交流渠道，打造国外能看得懂、接受得了、喜欢得上的语言文化精品，促进中外文明交流互鉴。

4. 着力培养"一带一路"复合型语言人才

人才是推动发展的第一要素，是"一带一路"建设的支撑和保证，培养契合倡议的国际化职业人才，是战略建设的内在要求，也是政府、院校、企业等多元主体的任务。一是实施"一带一路"语言人才培养计划，鼓励高校合理有序、错位互补地开设"一带一路"相关语言专业；设立非通用语种人才专项培养经费，制定非通用语种人才特殊招生政策，培养和储备服务于"一带一路"的复合型语言人才。二是联合沿线国家和有关机构，建立"一带一路"语言人才库和"一带一路"语言人才国际培训基地，加强关键语言人才培养与储备。三是加强对外汉语人才培养，加快汉语教师和汉语教学志愿者队伍建设，全力满足沿线国家汉语学习需求；开展海外汉语教师普通话培训，加大国家通用语言文字培训测试的海外推广力度。①

四、优化教育供给

教育的功能之一是促进经济发展，通过经济发展来满足人们对美好生活的向往。经济发展主要取决于人，人的发展依靠教育，教育质量的优劣直接决定了人才的层次。因此，优化教育"供给侧"改革是推进"一带一路"建设的关键措施，势在必行。

（一）对接国家倡议

"一带一路"倡议历史性地为高职院校、企业组织勾勒出机遇和挑战共存的发展愿景，倡议推进的过程也是各国和地区政治、文化、习俗、思维从碰撞到融合的过程，也是各类新兴产业、商务贸易衍生和发展的过程。人才建设需要多方联动，在适应新形势的基础上对接需求、制定规划。

---

① 国家信息中心"一带一路"大数据中心：《"一带一路"大数据报告2017》，北京：商务印书馆，2017年9月出版，第201—208页。

1. 成立"一带一路"研究机构

国际化职业人才的培养涉及政府、企业、高职院校等多元主体，不仅仅是教育的责任，也是企业单位、社会组织的责任。各方力量在"一带一路"框架下，全面贯彻共同担责、共同发展的理念，设置专门机构强化对"一带一路"部署的研究，不断对沿线国家行业产业结构和发展趋势深入调研，推动配套政策、课程设计、教学方式、实训实践、师资力量、经费保障等育才要素的完善。江苏省围绕国家"一带一路"倡议，推动与政府、企业、院校、NGO 等的多元合作，提升境外学历生培养、技术技能培训、师资培训、订单留学生培养水平，在探索推进国际合作特色化、多元化的道路上取得了丰硕成果。通过成立研究院、职教集团、国际课程研发中心等机构，推动"一带一路"务实合作更为机制化、长效化，这些举措不仅有助于增强各方合作的持续性和稳定性，也将提升各方的"责任共担"意识，将"共商共建"引向深入。常州工程职业技术学院与常州市委党校共建的"一带一路"研究院利用便利条件和资源，调研分析留学目标国家的产业和经济结构，引导学生选择专业，通过考评，实施语言和专业的分类培养、分层教学，提前找好"走出去"企业，落实学生归国实习和就业安排。①

---

① 《江苏省高等职业教育质量年度报告（2018）》，北京：中国水利水电出版社，第54页。

2. 制定和输出职教标准

"一带一路"沿线有十大领域的人才最受关注,而各国的关注重点不尽相同。俄罗斯、巴基斯坦、新加坡和菲律宾最关注国际贸易类人才建设,波兰和阿联酋最关注金融类人才建设。将关注国语言和受关注专业教育紧密衔接,再叠加与对口国家教师和学生互动交流、境外办学、合作办学、缔结联盟等措施,博采众长制定高职院校自身的职教标准,并在"走出去"的过程中输出和推广职教标准。深圳职业技术学院在加快国际化办学步伐的过程中,把服务职业教育"走出去",为世界职业教育贡献"深圳标准"和"深圳模式",服务"一带一路"国家当地经济、产业发展作为方向和重点。与招商局港口签署战略合作协议,双方在设立实践教学基地、联合建立"双师型教师工作室"、共同开发海外人才培训产品、服务国家"一带一路"倡议等方面开展合作;承办"招商局21世纪海上丝绸之路优才计划"(C-Blue优才计划),为来自俄罗斯、马来西亚、斯里兰卡等全球三大洲13个国家的港航专业人员开展了港航专业项目培训,这些学成归国的港航专业人员将学到的先进专业知识为本国的相关专业人才进行二次培训;与中兴通讯签订战略合作协议,双方通过共同合作在非洲、中东、东南亚等"一带一路"沿线各国建立职业教育机构,联合开发培训课程,向"一带一路"沿线国家输出优质课程资源和一流职校办学经验,同时双方还将围绕137个职业技能鉴定工种开发国际职教课程,通过中兴100多个海外工业园区向世界输出。

深职院与马来西亚高等教育部签署协议，在马来西亚设立"深圳职业技术学院—马六甲马来西亚技术大学职业技术培训中心"，将"深职模式"课程标准作为"中国方案"在马来西亚34所职业院校中全面推广实施，相应的马六甲马来西亚技术大学大专层次的学生也将有机会来深职院交流学习。在保中商业协会、普罗夫迪夫市和深职院三方的共同推动下，成立"普罗夫迪夫大学—深圳职业技术学院职业教育培训中心"，加强两校乃至两地人才交流、科学研究及优秀教育资源共享，共同培养当地中资企业所需的电子通信类技术人才。还与土耳其、匈牙利、巴基斯坦等11个"一带一路"沿线国家不断拓展交流与合作，为更多"一带一路"国家输出职教标准。①

（二）创新培养模式

随着互联互通建设的推进，专业加外语的"知识型"人才已不能满足高标准的用人要求。高职院应紧跟新时代步伐，抓住机遇，大力推行"外语＋专业知识＋职业技能＋国际视野＋创新思维"，即"五位一体"人才的培养。将专业知识转化为职业技能，单一语言学习融合小语种教育，区域概念拓展为国际视野，按部就班升华为创新能动，深化国际化职业人才的内

---

① 此案例选自职业教育教学成果奖获奖项目典型案例，载《中国职业技术教育》，2018年第11期，彩插。

涵，创新人才培养模式。

1. 优化教学体系

工欲善其事必先利其器，作为教学体系的重要环节，课程设计直接关乎教育效果。根据专业和外语科目本身特点，合理安排基础、核心、选修课程的内容和课时，彰显重点、兼顾全面、适度延伸，在有限的培养时间内提高人才的质量。一是注重应用。核心课程不仅要增量，还要提能——学以致用，扩充领域提升实践应用技能。二是借鉴经验。事物都有其内在规律，顺应规律才能事半功倍。引入外国语言教学方法，再进行本国化，创新语言"接地气"教学法。借鉴外国高质量专业课教学经验，注重实用性，增加人才国际化的"成色"。三是创新能力。以启发、案例教育为基础，通过开放式教学、实务模拟等方式，改被动接受为主动思考，培养学生的分析能力、自主意识、独立思考、心智健全、创新思维等品质。四是综合能力。面对复杂的国际环境和激烈的国际竞争，建立良好的职业观，培养适应不同岗位的能力，激发灵活机动的应变能力，三者缺一不可。加强学习能力的培养是提升综合能力的不二途径。通过自学、交流、实习、实训等方式，学生们掌握了学习方法，开阔了思维广度，提高了学习能力。

2. 拓宽出境渠道

在互联互通的经贸合作和人文交流中，既需要具备职业技能，又需要掌握当地语言、熟悉当地人文的尖端复合型人才，赴外语为母语的国家。学习无疑是实现这一目标的最佳选择。

首先是联合办学。这种方式在国际教育合作中较为常见，以学生互派、学分互认、短期访学、学术交流等方式，让学生享受分阶段的国内、国外学习，并可同时获取国内外文凭（或国外学习证明），充分体现资源共享、互惠共赢的要旨。

其次是出国留学。高职院校在经费允许的情况下，资助优秀学生分批出国留学，以此培养更全面、更高质的人才，进而提高学校的美誉度和竞争力，谋求学院、学生双赢。另外，教育部门或学院牵线搭桥，以定向委培的形式增加学生留学的数量，形成良性的校企合作循环，争创学校、学生、企业共赢局面。江苏省 2017 年高职院校生均拨款 15299.30 元，超过国家"2017 年各地高职院校年生均财政拨款水平应不低于 1.2 万元"① 的要求。同年省属高职院校生均拨款基数为 1.66 万元，市属高职院校生均拨款基数为 1.64 万元，民办高职院校生均拨款基数为 908 元；国家示范（骨干）院校生均拨款基数为 1.64 万元，省示范院校生均拨款基数为 1.64 万元，普通院校生均拨款基数为 1.38 万元（见表 4-3）。截至 2017 年，江苏省属高职院校生均拨款已经超过国家目标要求。②

---

① 财政部、教育部《关于建立完善以改革和绩效为导向的生均拨款制度加快发展现代高等职业教育的意见》（财教〔2014〕352 号）。
② 《江苏省高等职业教育质量年度报告（2018）》，北京：中国水利水电出版社，第 41—42 页。

3. 突出实训实践

实训实践是知识向能力转换的重要途径，根据国际化职业人才培养的特点，拟采取多样化、全方位的方式，提升应用能力。同时，高职学生平均企业实习财政经费补贴、企业实习责任保险补贴以及企业兼职教师人均财政补贴也予以保障，还包括企业提供的校内实践教学设备等。

表4-3 落实政策表

	指 标	单位	2016年	2017年
1	年生均财政拨款水平	元	13996.34	15299.30
	其中，年生均财政专项经费	元	4169.77	3380.15
2	教职员工额定编制数	人	45102	45294
	在岗教职员工总数	人	41781	41813
	其中，专任教师总数	人	28606	29054
3	企业提供的校内实践教学设备值	万元	38192.53	52074.32
4	生均企业实习经费补贴	元	209.12	374.55
	其中，生均财政专项补贴	元	272.83	331.43
5	生均企业实习责任保险补贴	元	84.44	70.94
	其中，生均财政专项补贴	元	66.00	40.98
6	企业兼职教师年课时总量	课时	2097413	2202374
	年支付企业兼职教师课酬	元	88251165.35	100680919.57
	其中，财政专项补贴	元	1364009.00	1329503.80

（1）国内实训。可分为校内实训和校外实训。校内实训侧重于语言的强化，学校需要投入资金建设多功能实训室，应包括外语口语、同声翻译、商务谈判、文化体验等实训室，以满足强化外语教学的需求。校外实训侧重专业的应用。学校充分利用各种资源，深化校企合作、产教融合。以生产型企业、跨国公司、旅游公司、国际连锁酒店为主，也可以是大型会议中心、政府宣传接待部门，建立校外实训基地，让学生走出校园，检验和提升专业知识、外语交流的水平，也有助于形成正确务实的职业观。

苏州经贸职业技术学院以创建旅游管理省示范专业为契机，加大与本地老字号企业的合作力度，增加经费投入，加深合作层次。不断完善校内生产性实训基地建设，以松鹤楼、三万昌为代表的老字号企业加大投资力度，合作打造校内"老字号一条街"，使之成为学生实习实训新平台；引企入校，共建实训基地，丰富了校企合作的形式和内涵。特别是与苏州百年老字号企业合作，对接行业标准，打造成"三位一体"的校内实训基地群，即：学生学习专业技能的主课堂，教师锻炼和施展才能的主阵地，学院服务社会的主渠道。2014年，与三万昌合作共建了茶艺实训室，该实训室不单为学生提供实习实训的场所，还将其塑造成为共享型实训室，定位于茶文化创意中心及大学生创业空间，服务全校师生，成为大学生素质教育的基地。同年，与苏州松鹤楼大酒店合作共建松鹤楼中餐厅，从装修布置及餐具的 LOGO 等都体现松鹤楼的餐饮文化，实训室建成后除了为旅游管理专业的学生提供中餐服务的实习实训，还承担了松鹤楼员工服务培训及考工考级的任务，为松鹤楼的不断扩张及产业发展提供人才保障，实现了校企共赢发展。

（2）国外实训。在国际化职业人才培养中，国外实训不可或缺，是培养职业技能、综合能力、国际视野、创新思维的最佳途径，是衔接从学校到岗位、书本到应用的重要纽带，是人才国际化的关键步骤。通过国外实训，不仅仅是对专业和外语的深造和升华，还包括对当地政治国情、地理人文、风俗习惯的熟悉和适应，这是从事国际性事务所必备的背景知识和阅历，也是国际化职业人才的应有内涵。在操作形式上，可采用短期访学、学术交流、国际交换生、联合办学、跨国企业境外分部实习等方式，其中短期访学、国际交换生尽量争取住家形式（学生境外学习期间居住在当地在校生家里），便于短期内了解当地的人文习俗和生活习惯。在具体内容上，求同存异，本着包容互鉴的心态着重突出当地专业课程学习、当地企业实习，充分体会两国在教学模式、课程设计、企业运营上的差异，有助于完善知识结构、提高职业技能；推行轮动实习，在实习环节中，要实行不同岗位、不同企业轮动模式，丰富经历，增加适应能力；开展体验式实践，参加当地本土文化习俗活动，如节日庆典、工艺制作、传统文演等，从熟悉到认同对方的文化，增加彼此间的亲切感，奠定服务中外双边经贸往来的情感基础。

（三）提升师资力量

教师是教育的第一要素，他们的专业水准、经验阅历、责任意识决定了人才培养的质量。

1. 优化本土师资

首先，国内提升模式。一是加强培训，学校在对口领域聘请国内外顶尖教授、专家授课，丰富教师的职业素养。二是经验借鉴，邀请国内国际化人才培养成效突出的学校介绍具体做法，包括教学理念、学校定位、课程设置、师资优化等内容，消化吸收、为我所用。三是学术交流，组织教师广泛参与国内高端学术交流活动，与新思维、新方法产生脑力共振，创新教学方法。四是把握形势，以跨国企业、合作企业"进校园"的形式，通过座谈、报告等方式，就本校人才发展情况、人才类型和专业类别的需求趋势、经贸发展和商业运作模式的发展方向等内容做分析和评判，为学校人才培养提供参考。

其次，走出去模式。学校倾斜资源用于教师队伍的培养，遴选优秀教师，通过职业培训、交流学习、合作办学、考察研究等形式，分批赶赴相应的国家和学校进行深度进修，系统学习国外的先进理念和做法，储备知识、拓宽视野、提升高度、增长技能，在更高的层次上"传道、授业、解惑"。

2. 引进优质师资

一是政策支持。在"一带一路"特殊背景下，各级政府和教育部门放宽引进外籍教师的限制,制定鼓励和指导政策,激活教师人才的流动,并对学校给予帮扶和支持,营造良好的国际化职业人才培养环境。二是引进外籍师资。以优秀教师交流执教、人才引进等形式,增加外籍师资,强化学校师资队伍的建设。在外籍教师的薪酬待遇、职称评定等方面,学校应适度照顾,以稳定外教队伍、激发工作热情,进而提升外籍教师来华执教的影响力和吸引力。三是挖掘潜力。通过教育部门、驻外国使馆,充分挖掘出国留学生和华侨的潜力,以人才引进的高标准吸引其回国执教。安排一批执教意愿较强的人员,争取一批意向不明的人员,把一批目前没有执教意愿的人员作为后备,为国内高职院校充实高层次师资力量做好开篇布局。四是建设"双师型"师资队伍。政府主导、院校实施,不拘一格引进"双师型"和高层次人才,建设高水平专业师资队伍,制定技术技能大师"校企双聘"计划,支持教师到企业兼职,分批引聘大国工匠和技能大师,选聘一批企业技术带头人到高职院校担任产业教授,实现高职教师与企业专家双向流动、两栖发展。优化高职师资队伍结构,提升高层次专任教师比例。全面提高教师实践教学能力、应用技术研发水平,开展实践创新人才和技能教学大师评选,培养高职教育名师、技能大师,建设优秀教学团队。[①]

[①] 《江苏省高等职业教育质量年度报告(2018)》,北京:中国水利水电出版社,第81页。

五、创新教育共享发展模式

事实证明,在"一带一路"沿线,除了几个发达国家之外,我国的教育资源和质量具有明显的比较优势,作为倡议提出国,有义务输出优质教育资源,一来表明我国对推进"一带一路"建设的坚决态度,二来为践行"互惠共赢"作垂范。

(一)境外办学

"一带一路"建设为我国高校创造了宝贵的发展机遇。拥有专业特色和区域优势的学校,应争取政府和教育部门的政策和支持,合理规划境外办学实施路径,走出国门为沿线国家输出优质教育资源。单独办学、联合办学、校企合作办学都是可以采用的理想模式,我国已经有一批先行者付诸行动,积累了一定的境外办学经验,为后来者提供参考,如老挝苏州大学、厦门大学马来西亚分校、柬埔寨南洋红豆学院、印中汽车学院等。与所在国家高度契合的学科专业建设是办学成功的关键,国内高校应梳理出优势专业,对照目标国的人才需求,精准布局。通过境外办学,输出优质的教育资源,援助沿线国家国际化职业人才的培养,满足"一带一路"建设对人才的迫切需求。另外,教育输出的过程同时也是文化传播的过程,而这一方式更有利于文化互认、促进民心相通。

（二）吸引留学生

招收沿线各国学生来华留学，是教育输出的另一种形式。我国的高端科技，如航天、高铁、光伏、纳米等技术，在沿线国家甚至全球都处于领先地位；我国的传统工艺独树一帜，如刺绣、陶瓷等技艺，也是吸引外国留学生的主要原因之一。留学生一方面来学习我们的知识、技能、文化，另一方面也是缔结两国情感的桥梁。他们在华所体验到的人文习俗、同学友谊、师生感情使其更能知华、友华、亲华，从而认同我们的文化。因此，教育部门应统筹沿线国家来华留学工作，通过财政预算、呼吁设立"一带一路"教育专项资金、争取政府支持等方式，设立"一带一路"留学生奖学金，奖励给优秀的留学生群体。另外，在留学生留华工作方面，教育部门、人社部门、高职院校应积极牵头对口企业，丰富就业选择，营造良好的就业氛围。此外，机制保障不可或缺，通过各类合作联盟、合作机制、合作对话等形式，建立双边和多边合作模式，破除壁垒实现人才流动。

参考文献

一、著作及期刊类

[1] 国家信息中心"一带一路"大数据中心."一带一路"大数据报告2017[M].北京：商务印书馆，2018.

[2] 江苏省高等职业教育质量年度报告(2018)[M].北京：中国水利水电出版社，2018.

[3] 陈鹏，薛寒."中国制造2025"与职业教育人才培养的新使命[J].西南大学学报（社会科学版），2018（01）：77—83.

[4] 顾秀梅，陈彩珍."一带一路"背景下高职院校外语教育策略[J].中国职业技术教育，2017（01）：64—69.

[5] 文秋芳."一带一路"语言人才的培养[J].语言战略研究，2016（02）：26—32.

[6] 张明杰.高职院校特色专业建设的现状与思考[J].职教论坛，2014（05）：64—68.

[7] 于雷，刘颖.特色专业剖析的内容与方法[J].辽宁高职学报，2009（09）：7—8.

[8] 陆晓梅. 以专业剖析为抓手 推动高职院校专业内涵建设[J]. 科技经济市场, 2010（07）：146—148.

[9] 侯巧红, 祖静, 刘俊娟. "一带一路"背景下河南高校外语教育新思考[J]. 河南工程学院学报（社会科学版）, 2006（01）：93—96.

[10] 张日培. 服务于"一带一路"的语言规划构想[J]. 云南师范大学学报（哲学社会科学版）, 2015（07）：48—50.

[11] 王辉, 王亚蓝. "一带一路"沿线国家语言状况[J]. 语言战略研究, 2016（03）：13—19.

[12] 宋若臣. 财经类高职院校特色专业建设研究[J]. 山东省青年管理干部学院学报, 2007（05）：93—95.

[13] 周茂东, 张福堂. 高职院校特色专业建设探析[J]. 广东技术师范学院学报, 2009（01）：8—9.

[14] 张阳. 以就业为导向推进高职院校专业建设[J]. 北方经贸, 2010（02）：140—141.

[15] 施祝斌, 王琪, 乔红宇, 沈苏海, 刘芳武, 朱永祥, 袁健, 杨泽宇. 校企共同体的实现路径与思考[J]. 中国职业技术教育, 2015（17）：17—22.

[16] 孔德兰. 高职院校专业特色化建设机制研究[J]. 黑龙江高教研究, 2010（10）：75—77.

[17] 郑凯欣, 周婉贤, 朱天伟, 邱俊贤, 马振山, 欧阳俊. 探究小语种在高校大学生中的普及情况以及求职中的优势——以德语为例[J]. 佳木斯职业学院学报, 2015.

[18] 乔峰,施祝斌.以"校企共同体"合作模式培养国际化技能型人才的研究与实践——以中新南通国际海事培训中心为例[J].南通航运职业技术学院学报,2013(02):84—86.

[19] 孙博.以就业为导向 推进高职院校专业建设[J].辽宁高职学报,2005(03):63—64.

[20] 周茂东,张福堂.高职院校特色专业建设探析[J].广东技术师范学院学报,2009(02):63—66.

[21] 吕景泉,杨延,芮福宏,杨荣敏,于兰平."鲁班工坊"——职业教育国际化发展的新支点[J].中国职业技术教育,2017(1):47—50.

[22] 沈晶.以就业为导向的高职人才培养模式探讨[J].网络财富,2009(12):110—111

[23] "一带一路"小语种人才匮乏 宜调整培养模式[J].海外华文教育动态,2016(10):2.

[24] 汪治,刘红燕.高职毕业生就业质量的实证分析及其启示[J].职教论坛,2017(3):17—25.

[25] 李亚林.高职商务英语教师实践教学能力提升策略研究[J].漯河职业技术学院学报,2014(05):126—128.

[26] 吴明海.一核多元 中和位育 美美与共——中国特色社区文化与教育建设模式的新构想[J].终身教育,2015(5):7.

二、学位论文及其他类

[1] 赵双兰. 高等职业院校国际合作办学教育的研究[D]. 武汉：湖北工业大学，2014.

[2] 胡莎莎. 区域高等教育国际化策略研究[D]. 宁波：宁波大学，2013.

[3] 王书丹. 高职院校国际化人才培养模式研究[D]. 西安：西安建筑科技大学，2015.

[4] 玄成贵. 高等职业教育国际化人才培养战略研究[D]. 天津：天津大学，2013.

[5] 教育部. 国家中长期教育改革和发展规划纲要（2010—2020）[EB/OL]. 教育网，2011，07—16.

[6] 教育部、国家发展改革委、财政部、人力资源社会保障部、农业部、国务院扶贫办. 现代职业教育体系建设规划纲要（2014—2020）[EB/OL]. 教育部网，2014-06.

附件一

由江苏高职牵头成立的全国性职教集团（联盟）一览表

序号	牵头院校	名称	批准（牵头）单位	成立时间	成员单位数量
1	南京铁道职业技术学院	欧亚交通高校国际联合会	俄罗斯政府	2011年	29所欧亚地区交通高校
2		中俄交通大学校长联盟	中国对外友协	2014年	42所中方交通院校、20所俄方交通院校
3		中俄交通大学校长联盟轨道交通应用技术人才培养联盟	中俄交通大学校长联盟	2015年	23所国内轨道交通高等职业院校、12个国内轨道交通企业
4		中国—东盟轨道交通教育培训联盟	教育部	2016年	21所东盟国家高校、37所中国高校、8个中国轨道交通企业
5	江苏食品药品职业技术学院	中国食品药品职业教育联盟	教育部	2012年	22所院校、45个企业、8个科研院所和行业协会
6	常州机电职业技术学院	全国机械行业工业机器人与智能装备职业教育集团	中国机械工业教育协会、全国机械职业教育教学指导委员会	2013年	73所院校、46个企业

(续表)

序号	牵头院校	名　称	批准(牵头)单位	成立时间	成员单位数量
7		全国机械行业现代农机装备人才培养联盟	全国机械职业教育教学指导委员会、机械工业教育发展中心	2014年	20所院校、8个企业、5个科研院所和行业协会、3个政府主管部门
8	宿迁泽达职业技术学院	全国机械行业汽车后市场技术职教联盟	机械工业联合会	2012年	30所院校、27个企业、2个协会
9		全国3D打印（数字化）技术职教联盟	国家制造业信息化3D-CAD管理中心	2015年	67所院校、52个企业、1个组织
10	江苏农牧科技职业学院	中国现代畜牧业职教集团（校企联盟）	农业部教育部	2014年	54所院校、70个企业
11	江苏农林职业技术学院	中国现代农业职业教育集团	农业部教育部	2014年	66所院校、129个企业、10个科研院所
12	江苏建筑职业技术学院	全国建筑装饰工程技术专业联盟	建筑设计类专业分指导委员会	2014年	23所院校、36个企业

(续表)

序号	牵头院校	名称	批准(牵头)单位	成立时间	成员单位数量
13	无锡职业技术学院	全国机械行业智能制造技术职教集团	全国机械职业教育教学指导委员会、机械工业教育发展中心、中国机械工业教育协会	2015年	42所高等职业院校、3所本科院校、11所中职学校、26家企业
14	南京信息职业技术学院	悉尼协议应用研究高职院校联盟	中国职教学会	2016年	192所院校
15	常州信息职业技术学院	中国软件产教联盟	中国软件行业协会	2015年	31所高等职业院校、26个企业、3个行业协会
16	苏州健雄职业技术学院	AHK中德双元制职业教育联盟	德国工商会 太仓市政府	2015年	49所院校、14个企业、4个行业协会
17	苏州工业职业技术学院	机械行业精密制造与智能化产教协同创新联盟	机械工业教育发展中心和全国机械职业教育教学指导委	2016年	47所院校、63个企业、3个科研院所、3个行业协会
18	苏州农业职业技术学院	中国智慧农业教学联盟	农业部	2016年	20所高等职业院校、50个企业、3个行业协会

（续表）

序号	牵头院校	名称	批准（牵头）单位	成立时间	成员单位数量
19	苏州工业园区服务外包学院	中国服务外包产教联盟	全国外经贸职业教育教学指导委员会	2016年	3所本科院校、17所高职院校、9所中职学校、24个企业、其他成员单位1个
20	南京工业职业技术学院	全国现代机电技术职教集团	机械工业教育发展中心、机械职业教育教学指导委员会	2016年	862所院校、35个企业
21	南通航运职业技术学院	"新丝路"航海职业教育集团	交通运输部	2017年	43所院校、44个企业、8个科研院所和行业协会
22	江苏工程职业技术学院	中国纺织服装职教集团	中国纺织工业联合会	2017年	1个行业协会、1个学会、46个企业、29所高等职业院校、15所中职学校
23	江苏经贸职业技术学院	全国现代服务业职教集团	中国国际贸易促进会	2017年	14所高职院校、38所中职学校、152个企业、12个行业协会、其他成员单位3个

(续表)

序号	牵头院校	名　称	批准(牵头)单位	成立时间	成员单位数量
24	江苏海事职业技术学院	泛长三角港口与航运国际职教集团	上海船员服务协会	2017年	12所院校、23个企业、5个行业协会
25	南京科技职业学院	石油和化工职业教育"一带一路"联盟	中国化工教育协会	2017年	36所学校、2个社会组织、5个企业
26	无锡商业职业技术学院	全国商贸职业教育集团	教育部、中国商业联合会	2017年	106所院校、129个企业、10个行业协会、12个其他成员单位
27	江苏信息职业技术学院	中国职业教育微电子产教联盟	中国半导体行业协会	2016年	19所院校、24家企业及研究所、7个行业协会
28		中国电子信息行业联合会物联网产教联盟	中国电子信息行业联合会	2016年	32所院校、22家企业、3个行业协会

附件二

孔子学院和孔子课堂在"一带一路"沿线国家的开设情况

区域	国家数量/个	国家	孔子学院/所	孔子课堂/家	总数/所（家）
东北亚	2	蒙古国	3	5	8
		俄罗斯	17	5	22
东南亚	11	新加坡	1	2	3
		印度尼西亚	6	2	8
		马来西亚	2	0	2
		泰国	15	20	35
		越南	1	0	1
		菲律宾	4	3	7
		柬埔寨	1	3	4
		缅甸	0	3	3
		老挝	1	1	2
		文莱	0	0	0
		东帝汶	0	0	0
南亚	7	印度	2	2	4
		巴基斯坦	4	2	6
		斯里兰卡	2	1	3
		孟加拉国	2	1	3
		尼泊尔	1	6	7
		马尔代夫	0	0	0
		不丹	0	0	0

(续表)

区域	国家数量/个	国家	孔子学院/所	孔子课堂/家	总数/所（家）
西亚北非	20	阿联酋	2	0	2
		科威特	0	0	0
		土耳其	4	2	6
		卡塔尔	0	0	0
		阿曼	0	0	0
		黎巴嫩	1	0	1
		沙特阿拉伯	0	0	0
		巴林	1	0	1
		以色列	2	0	2
		也门	0	0	0
		伊朗	2	0	2
		约旦	2	0	2
		叙利亚	0	0	0
		伊拉克	0	0	0
		阿富汗	1	0	1
		巴勒斯坦	0	0	0
		阿塞拜疆	2	0	2
		格鲁吉亚	1	1	2
		亚美尼亚	1	3	4
		埃及	2	3	5

（续表）

区域	国家数量/个	国家	孔子学院/所	孔子课堂/家	总数/所（家）
中亚	5	哈萨克斯坦	5	0	5
		吉尔吉斯斯坦	4	21	25
		塔吉克斯坦	2	1	3
		土库曼斯坦	0	0	0
		乌兹别克斯坦	2	0	2

注：数据来源于孔子学院总部/国家汉办（截至2016年12月）。

附件三

"一带一路"沿线国家官方语言使用情况一览表

区域	国家数量	国家名称	官方语言
东南亚	11	东帝汶	德顿语、葡萄牙语
		菲律宾	菲律宾语、英语
		柬埔寨	高棉语
		老挝	老挝语
		马来西亚	马来语
		缅甸	缅甸语
		泰国	泰语
		文莱	马来语
		新加坡	马来语、华语、泰米尔语、英语
		印度尼西亚	印尼语
		越南	越南语
东亚	1	蒙古	蒙古语
南亚	7	巴基斯坦	乌尔都语
		不丹	宗卡语、英语
		马尔代夫	迪维希语
		孟加拉国	孟加拉语
		尼泊尔	尼泊尔语
		斯里兰卡	僧伽罗语、泰米尔语
		印度	印地语、英语

（续表）

区域	国家数量	国家名称	官方语言
中亚	5	哈萨克斯坦	哈萨克语、俄语
		吉尔吉斯斯坦	俄语
		塔吉克斯坦	塔吉克语
		土库曼斯坦	土库曼语
		乌兹别克斯坦	乌兹别克语
西亚	20	阿富汗	波斯语、普什图语
		阿拉伯联合酋长国	阿拉伯语
		阿曼	阿拉伯语
		阿塞拜疆	阿塞拜疆语
		巴勒斯坦	阿拉伯语
		巴林	阿拉伯语
		格鲁吉亚	格鲁吉亚语
		卡塔尔	阿拉伯语
		科威特	阿拉伯语
		黎巴嫩	阿拉伯语
		塞浦路斯	希腊语、土耳其语
		沙特阿拉伯	阿拉伯语
		土耳其	土耳其语
		叙利亚	阿拉伯语
		亚美尼亚	亚美尼亚语

（续表）

区域	国家数量	国家名称	官方语言
西亚	20	也门	阿拉伯语
		伊拉克	阿拉伯语
		伊朗	波斯语
		以色列	希伯来语、阿拉伯语
		约旦	阿拉伯语
中东欧	16	阿尔巴尼亚	阿尔巴尼亚语
		爱沙尼亚	爱沙尼亚语
		保加利亚	保加利亚语
		波兰	波兰语
		波斯尼亚和黑塞哥维那	波斯尼亚语、克罗地亚语、塞尔维亚语
		黑山	黑山语
		捷克	捷克语
		克罗地亚	克罗地亚语
		拉脱维亚	拉脱维亚语
		立陶宛	立陶宛语
		罗马尼亚	罗马尼亚语
		马其顿	马其顿语
		塞尔维亚	塞尔维亚语
		斯洛伐克	斯洛伐克语
		斯洛文尼亚	斯洛文尼亚语
		匈牙利	匈牙利语

附件

(续表)

区域	国家数量	国家名称	官方语言
东欧	4	白俄罗斯	白俄罗斯语、俄语
		俄罗斯	俄语
		摩尔多瓦	罗马尼亚语
		乌克兰	乌克兰语
北非	1	埃及	阿拉伯语
总计		65个国家	53种官方语言(去除重复语言)

附件四

关于高职国际化人才培养情况的问卷调查表(教师)

尊敬的各位老师：

您好！首先祝您身体健康、工作愉快！非常感谢您们在百忙之中接受我们的调研。这是一份关于江苏高职院校国际化人才培养的调查问卷。本调查需要占用您的一点宝贵时间，您的意见对我们非常重要，希望您根据自己的实际情况填写问卷。

十分感谢您的配合！

基本信息

1. 您的性别为：□ 男　　　□ 女

2. 您的年龄为：_____

   A. 30 岁以下　　B. 30～40 岁　　C. 40～50 岁　　D. 50 岁以上

3. 您的职称为：_____

   A. 初级　　B. 中级　　C. 副高　　D. 正高

4. 您的专业为：_____（请填写）

主要调查内容

5. 为促进高职国际化人才培养，贵校有什么支持？（多选）

   A. 开设双语课程　　　　B. 开设小语种课程

   C. 教师海外研修项目　　D. 国际学术会议

   E. 其他_____

6. 您是否参与贵校国际化人才培养活动？

   A. 经常　　B. 偶尔　　C. 没有

7. 参加了国际化人才培养过后，产生的社会效益、经济效益如何？

A. 基本没有　　B. 有，但不高　　C. 还可以　　D. 非常可观

8. 您进行国际化人才培养过程中是否带领学生参加海外交流项目？

A. 有学生参加　　　　　　B. 没有学生参加

9. 贵校对教师参加国际化人才培养是否有课时补贴或其他支持？

A. 有，很支持　　B. 有，但很少　　C. 没有

10. 如果学校根据教师参与国际化人才培养成效大小，有标准不同的奖励，会激励您提升国际化人才培养的能力吗？

A. 会　　　　　　　　　　B. 不会

11. 在进行国际化人才培养时，您遇到的主要困难有哪些？（多选）

A. 按照现有的学识和技术，无法解决国际化人才培养实际困难

B. 外语能力和跨文化交际能力薄弱

C. 企业合作热情不高

D. 缺少提升国际化人才培养能力的相关培训

E. 缺少相关的仪器设备和实训场所

F. 课余时间少，带领学生国际化活动时间有限

G. 其他 ＿＿＿＿＿＿＿＿＿＿＿＿＿＿＿

12. 贵校推行的国际化在专业设置方面存在的突出问题是（多选）：＿＿＿＿＿

A. 不能及时关注国际发展前沿

B. 专业结构未反映社会对人才结构的需求

C. 专业国际化特色不突出

D. 国际竞争力不强

E. 专业缺乏国际认证

13. 您认为贵校推进国际化在课程体系上面临的最大障碍是(多选):
_____

    A. 课程内容陈旧

    B. 课程结构单一

    C. 课程设置不能满足学生的国际化基础与需求

    D. 课程缺乏实用性,难以运用到国际实践中

14. 您所在专业全英文或双语授课的课程数占总课程数的比例:_____

    A. 30%以上　　　　　　　　B. 10%~30%

    C. 10%以下　　　　　　　　D. 没有

15. 当前贵校国际化人才培养教学条件上基本具备了(多选):_____

    A. 国际化师资　　　　　　　B. 国际化教材

    C. 国际化实验室或实训　　　D. 多元教学氛围

16. 贵校根据自身专业投入专项资金建设相应的国际化实训室或实训基地:_____

    A. 已设置　　　　　　　　　B. 正在设置

    C. 计划设置　　　　　　　　D. 没有

17. 您认为贵校与国际知名企业合作,选派学生实习,参加学生达在校生总数的比例:_____

    A. 5%　　　B. 3%　　　C. 2%　　　D. 1%以下

18. 您对贵校国际化人才培养专业设置的合理性的评价是:_____

    A. 很满意　　　　　　　　　B. 比较满意

    C. 不清楚　　　　　　　　　D. 不满意

    E. 很不满意

19. 您对贵校国际化人才培养课程结构的科学性的评价是：_____

    A．很满意　　　B．比较满意　　C．不清楚　　　D．不满意

    E．很不满意

20. 您对贵校国际化人才培养课程内容的国际化的评价是：_____

    A．很满意　　　B．比较满意　　C．不清楚　　　D．不满意

    E．很不满意

21. 您对贵校国际化人才培养教学方法的多样化的评价是：_____

    A．很满意　　　B．比较满意　　C．不清楚　　　D．不满意

    E．很不满意

22. 您对贵校国际化人才培养教学手段的国际化的评价是：_____

    A．很满意　　　B．比较满意　　C．不清楚　　　D．不满意

    E．很不满意

23. 您对贵校国际化人才培养师资队伍的多元化的评价是：_____

    A．很满意　　　B．比较满意　　C．不清楚　　　D．不满意

    E．很不满意

24. 您对贵校国际化人才培养校园的国际化氛围的评价是：_____

    A．很满意　　　B．比较满意　　C．不清楚　　　D．不满意

    E．很不满意

25. 请简单地用一句话对您所在的高职院校国际化人才培养情况进行概括总结：_____

附件五

关于高职国际化人才培养情况的问卷调查表(学生)

各位同学:

你们好!非常感谢你们在百忙之中接受我们的调研。这是一份关于江苏高职院校国际化人才培养的调查问卷。本调查需要占用您的一点宝贵时间,您的意见对我们非常重要,感谢您的支持帮助!

基本信息

1. 您的性别为: □ 男　　　　□ 女

2. 您的年级是:_____

   A. 大一　　　B. 大二　　　C. 大三

3. 您所在学院的类型:_____

   A. 理科类　　　　　　　B. 工科类

   C. 文科类　　　　　　　D. 综合类

4. 您的专业为:_____(请填写)

主要调查内容

5. 截至目前,您在贵校学习期间参与国际化活动的次数是:_____

   A. 0次　　　　　　　　B. 1次

   C. 2次　　　　　　　　D. 3次及以上

6. 您参与的国际化交流活动主要形式有(多选):_____

   A. 海外交流项目　　　　B. 海外实习

   C. 国际性展览会　　　　D. 留学生的联谊活动

   E. 从未参加过

7. 您参加了国际化活动过后,对自身是否有提升?_____

A. 基本没有 B. 有，但不高

C. 还可以 D. 非常好

8. 您在贵校获取国际化知识主要途径是：_____

A. 网络 B. 讲座

C. 教师 D. 同学

9. 您认为为什么要培养国际化人才？（多选）_____

A. 提升自身的竞争实力

B. 满足学生更多国际化发展要求

C. 提升院校办学国际竞争力

D. 适应高职教育国际化发展需要

10. 您进行国际化活动时，老师会参与和指导吗？_____

A. 不会 B. 偶尔

C. 经常 D. 总是

11. 您认为目前高职学生在国际化方面比较薄弱的是(多选)：_____

A. 国际证书的获得 B. 外语水平

C. 国际化专业知识的掌握 D. 跨文化交际能力

E. 良好的身心素质 F. 国际化素养和全球意识

12. 您认为所在高职院校培养国际化人才方面具备的最大优势是：_____

A. 拥有较完善的国际化人才培养制度

B. 国际联合培养项目较成熟

C. 国际化人才培养模式的保障体系完善，使学生的权益得到保证

D. 校园内国际化氛围浓厚

13. 您认为贵校是否重视对国际化人才的培养？_____

    A. 比较忽视   B. 重视程度一般

    C. 较为重视   D. 非常重视

14. 您对贵校国际化人才培养模式的整体状况的满意程度：_____

    A. 很满意   B. 比较满意

    C. 不清楚   D. 不满意

    E. 很不满意

15. 您对贵校国际化人才培养目标设定的合理性的满意程度：_____

    A. 很满意   B. 比较满意

    C. 不清楚   D. 不满意

    E. 很不满意

16. 您对贵校国际化人才培养制度的完善程度的满意程度：_____

    A. 很满意   B. 比较满意

    C. 不清楚   D. 不满意

    E. 很不满意

17. 您对贵校国际化人才培养过程的规范性的满意程度：_____

    A. 很满意   B. 比较满意

    C. 不清楚   D. 不满意

    E. 很不满意

18. 您对贵校国际化人才培养评价的科学性的满意程度：_____

    A. 很满意   B. 比较满意

    C. 不清楚   D. 不满意

    E. 很不满意

19. 您在国际化人才培养过程中最希望获得的帮助是：_____

A. 小语种课程开设　　　　　　B. 引入国际认证

C. 增加双语课程　　　　　　　D. 丰富海外交流项目

20. 请简单地用一句话对您所在的高职院校国际化人才培养情况进行概括总结：_____